AF368910

SOIXANTE ANS

DE

THÉATRE-FRANÇAIS.

IMPRIMERIE D'ÉDOUARD PROUX ET C°,
Rue Neuve-des-Bons-Enfans, 3.

SOIXANTE ANS

DE

THÉATRE-FRANÇAIS.

PAR

Un Amateur, né en 1769.

PARIS.

LIBRAIRIE DE CHARLES GOSSELIN,

9, RUE JACOB.

MDCCCXLII.

SOIXANTE ANS

DU

THÉATRE-FRANÇAIS.

PAR

PARIS.

LIBRAIRIE DE CHARLES GOSSELIN,

9, RUE JACOB.

MDCCCXLII.

SOIXANTE ANS

DE

THÉATRE-FRANÇAIS.

Vous, Monsieur, parler de l'art dramatique et du Théâtre-Français! Il y a vingt
ans que vous passez vos soirées chez vous;
vous n'allez pas au spectacle six fois par
an; il n'y a pas, j'en suis sûr, dans votre
portefeuille une seule note que vous ayez
conservée sur cette branche de littérature:
où donc auriez-vous pris ces belles observations, fruits de loisirs qui se reportent à la
première moitié du temps que vous avez
vécu? Qui prend soin de ces choses aujour-

d'hui ? Qui dira d'ailleurs que vous faites une bonne peinture de gens, qui, du reste, ne vous ont pas donné mission de parler d'eux, quand ils sont presque tous morts depuis bien des années, et qu'il en faut dire autant des générations sous les yeux desquelles ont passé vos originaux ? Vous donnez, pensez-vous, des croquis ressemblans ; croquis, soit ; mais ressemblans, qui donc en jugera si, sur cinquante lecteurs, il en est quarante-cinq qui n'ont pas connu les messieurs et dames dont vous composez votre galerie d'artistes ? A quoi servira celle-ci, et qui s'en amusera ? — Qui ?.... Doucement, Monsieur, et ne me menez pas si grand train. Les hommes de cinquante ans et au delà ne sont pas si clair-semés que vous le dites : ceux-là ont vu et entendu mes personnages, et sauront bien s'il y a de la vérité dans mes portraits. Pour cette classe d'amateurs je ne fais qu'éveiller des souvenirs ; quant à la génération qui succède à la leur, pourquoi serait-elle indifférente à l'éclat que de grands talens ont jeté sur la scène qu'ils fréquentent à leur tour? Pourquoi leur déplairait-il d'apprendre quels ont été, à des époques antérieures, les succès de cette partie de la littérature de leur patrie? Mon écrit sera de l'histoire pour eux. Ce n'est donc pas jeter sa plume au vent que de décrire pour le public qui va au Théâtre-Français, les jouissances du public qui l'a fréquenté avant lui.

Je conviens que je ne peux offrir d'autre garantie de l'exactitude de mes récits, que ma mémoire, qui, seule, me fournit mes matériaux ; mais j'affirme qu'on peut s'en rapporter à mes souvenirs. Ceux-ci sont le produit net et ferme de mes sensations, et, en général, on peut tenir pour certain que c'est la vérité qui est lue, lorsque, pour l'écrire, l'auteur s'est abandonné à la réminiscence de ce qu'il a profondément éprouvé. Ce n'est que dans le cœur que les fastes de l'intelligence sont véritablement gravés. Il n'y a de mémoire infailli-

ble que quand le siége en est là; il n'y a
pas moyen de se tromper quand on rend
compte de ses émotions. Je n'ai jamais écrit
à d'autres fins, et toujours je suis demeuré
confondu par cette actualité, en moi, d'impressions sur lesquelles cinquante et même
soixante ans ont passé. C'est à n'y pas
croire.

Après cela, Monsieur, pourquoi ne me
montrerais-je pas reconnaissant envers les
acteurs qui, sur la première scène du monde, m'ont fait éprouver des sensations vives
et profondes ?

N'ont-ils pas eu un but patriotique, lorsqu'ils ont mis en action les admirables et
immortelles conceptions de nos premiers
peintres de passions et de mœurs?

N'est-ce pas pour la gloire de notre littérature que ces hommes, devenus célèbres
dans leur art, ont consacré leur intelligence,
leurs études et leur vie à la représentation
des chefs-d'œuvre de la scène française.

Pourquoi la louange leur manquerait-elle,

lorsque le droit d'examen et de censure a pesé, à toutes les époques, si rigoureusement sur eux?

Serait-ce les honorer assez que de n'en rien dire; et vivons-nous sous le bizarre préjugé qui semblait classer à part dans la société des artistes qui, par la force et le charme de leur talent, attiraient à eux la société entière, et procuraient, aux grands comme aux petits, des loisirs pour l'esprit et des jouissances pour le cœur?

Loin de moi la pensée d'exagérer la philosophie qui est venue au secours des artistes dramatiques. Je suis d'accord avec l'opinion éclairée et équitable qui a rattaché aux intérêts de la grande famille des enfans que trop d'inégalité dans le partage de la considération publique pouvait y rendre indifférens; mais je ne m'associe pas aux détracteurs outrés des raisons qui avaient obligé les comédiens à vaincre des préventions, et à souscrire à des sacrifices avant de se donner en spectacle sur le théâtre.

C'était d'abord un moyen, et un moyen sûr, parce qu'il était dans les mœurs, d'éprouver la vocation des aspirans à la profession de cet art énormément difficile.

Le préjugé, bon ou mauvais, arrêtait les jeunes gens qui, avant de s'abandonner à leur penchant, ne pouvaient éviter d'envisager la position qu'ils acceptaient, la camaraderie jalouse qu'ils substituaient à la société bienveillante avec laquelle ils semblaient rompre. Il fallait donc, pour que l'amour de cet art l'emportât sur ces réflexions, qui n'étaient pas les seules, que la vocation fût forte, soutenue par le sentiment de sa force; et comme ce sentiment ne pouvait être puisé que dans une nature libérale qui poussait l'artiste vers la carrière qu'elle lui ouvrait, en lui montrant le but qu'il y devait atteindre et la palme qu'il y pouvait cueillir, la vocation était vraiment éprouvée, l'aptitude suffisamment révélée; ce jeune homme, on devait le laisser faire. Mais le préjugé était bon contre

les erreurs de jugement et les fausses prétentions d'une jeunesse assez légère pour
être enlevée à sa famille par la première
illusion qu'elle se faisait sur ses dispositions.

Était-elle, ensuite, de tous points con-
damnable cette opposition qu'on avait glis-
sée dans les idées communes, à l'exercice
d'un art entouré de séductions, éblouissant
par ses succès, et si propre à enflammer les
jeunes vanités au sein de la nation réputée
la plus vaine du monde parce que nulle
autre n'est emportée par une imagination
aussi mobile et aussi ardente que la sienne.
N'y avait-il aucune précaution à prendre
au sein d'une monarchie qui avait alors ses
ordres et ses classes, contre ces petites ré-
publiques théâtrales, formant autant d'Etats
libres dans un Etat réglé et religieux, com-
posées de citoyens et de citoyennes maîtres
de leurs actions, dociles à leurs penchans,
faisant une commune étude de l'art de plaire
et de séduire ; se prenant tout naturellemen
aux attraits qu'ils composaient pour le pu-

blic, et pouvant faire sur eux-mêmes l'essai de leurs enchantemens et de leurs armes? Jeunes gens de l'un et l'autre sexe, se voyant à toute heure, rapprochés aux répétitions, et exposés pendant les représentations à la tentative de réaliser les fictions d'amour qui étaient dans leurs rôles; fictions qui ne se revêtaient aux yeux du spectateur des couleurs de la vérité qu'autant que l'art se fondait dans la nature; de sorte que la nature et l'art concouraient à exalter les passions à l'âge où il était si important de les modérer.

C'est ainsi, du moins, que l'on raisonnait sur le théâtre, et sur les préventions qui en rendaient l'accès défavorable avant 1789.

Les sévérités calculées sur les dangers que les mœurs courent dans cette carrière, avaient été exagérées sans doute. Il était odieux de tourmenter la cendre des hommes dont la vie, consacrée au culte de la haute littérature et du génie des grands poètes, avait été une source de jouissances et de délices pour le public. Le temps et la justice devaient proscrire cette inique et violente proscription si peu comprise de nos jours.

Il reste cependant quelque chose qui retient encore la jeunesse au moment de s'exposer au jugement qu'elle provoque sur sa valeur d'artiste, en se produisant sur la scène. C'est un parti qu'elle ne prend pour l'ordinaire qu'en le cachant à sa famille, et même à ses amis... Eh bien! ce quelque chose, il ne faut pas le laisser périr. Contre tout ce qui porte en soi une puissance de captation, il faut, pour la faiblesse et l'inexpérience, une défense quelconque, une difficulté à rencontrer dans les sentimens et dans l'opinion.

C'est là, je crois, l'état actuel des esprits sur la profession dont je vais rappeler les célébrités de mon temps. Où serait le mal d'applaudir à des succès qui ont couronné de longs et pénibles travaux?

Qu'est-ce d'abord que l'art du comédien

en lui-même? Ne consiste-t-il pas principalement à reporter le spectateur au temps ou vivaient les personnages qui sont représentés; à évoquer ceux-ci de leur tombe; à leur rendre la vie pour que les hommes d'aujourd'hui assistent aux événemens qui se sont accomplis autrefois?

C'est le but que se propose l'auteur qui emprunte à l'histoire le sujet de son drame; mais il a dù compter sur une seconde création, sur celle de l'acteur pour jouir du complément de la sienne.

C'est là une vérité au théâtre, où l'on a dit toujours : « Ce rôle fut *créé* par tel ou tel autre acteur. » Ne sait-on pas en effet que ce que l'on éprouve dans le cabinet à la lecture d'une tragédie ou d'une comédie, n'est pour ainsi dire qu'une préparation aux émotions que la représentation doit procurer? N'a-t-on pas vu l'auteur lui-même frappé d'une douce surprise lorsque de grands acteurs, s'emparant de son œuvre, en faisaient jaillir des beautés à l'éclat des-

quelles il ne s'était pas attendu? N'est-ce pas
à ce charme que Lekain a dû plus d'un em-
brassement de Voltaire?

Pour créer ainsi, le comédien a de profondes études à faire : il doit, comme l'auteur,
consulter l'histoire, connaître bien les époques auxquelles les faits remontent, saisir
le caractère distinctif des personnages du
temps, entrer dans les mœurs et dans les habitudes, imprimer au Spartiate de Lycurgue
une autre physionomie qu'à l'Athénien de
Périclès, ne pas confondre le Romain de
la république avec celui de l'empire, et ne
pas donner au brillant Soliman le genre de
courage de l'âpre et farouche Gengis.

C'est par la méditation et le discernement
que le comédien entre dans l'original dont
il doit être la fidèle copie, et parvient à
composer la fiction d'aujourd'hui sur la
réalité d'autrefois; à reproduire le corps,
l'âme, l'action et le sentiment; à avoir enfin
un cœur qui batte dans sa poitrine d'artiste,
comme, dans sa poitrine de chevalier, de

roi, de pacificateur ou de conquérant, battait le cœur de son héros.

La même étude est-elle moins indispensable pour le genre comique? Le comédien, pour l'ancien répertoire, peut-il ignorer ce qu'étaient l'homme de robe, l'homme d'épée, l'homme de finance, l'homme à bonnes fortunes, le philosophe et le courtisan? ce qu'étaient la femme de qualité, la bourgeoise, la coquette, la prude, l'intrigante et l'ingénue; ce qu'était leur état dans le monde où ils vivaient; l'empire, l'influence, le jeu des uns sur les autres; et tout cela, pour saisir la vérité, la variété, le calme ou l'agitation de tous ces caractères? Peut-il ignorer encore quel était le ton de la cour aux diverses époques, puisque la société se réglait sur elle; par où cette imitation péchait, et pourquoi tant de ridicules comiques découlaient de la prétention des inférieurs à singer en tous points les manières des supérieurs.

En se livrant à cette observation, comme

l'auteur l'a fait, le comédien, par la vérité de son action, rend sensible, évidente la vérité de la composition. Le premier met dans la bouche des personnages ce qu'ils ont dû dire ; le second dit chaque chose comme elle a dû être dite. L'un fait un tableau d'après nature, l'autre distribue la lumière entre toutes les parties, et, par l'habileté de son action, donne de la chaleur et de l'éclat à toutes les couleurs.

C'est encore un secret de l'art de l'acteur que de bien connaître le public auquel il se présente ; que de savoir si son esprit est grave ou léger, son humeur capricieuse ou réglée, son goût épuré, sa susceptibilité délicate ou tracassière, quelles sont enfin les cordes et les vibrations de l'instrument qu'il va toucher.

J'ai remarqué que Larive ménageait à Paris ses moyens, comme un chanteur italien, et qu'il les employait largement en province, comme un chanteur du Grand-Opéra.

Certainement les grands acteurs qui ont joué devant le public qui remplissait, il y a soixante ans, la salle de l'ancien Théâtre-Français (aujourd'hui l'Odéon), auraient eu d'autres manières vingt ans plus tard devant le parterre de la salle de la rue de Richelieu.

A la première de ces époques, les Parisiens donnaient à l'art théâtral plus d'importance, et conséquemment plus d'application. La gloire littéraire était moins rivalisée par d'autres gloires.

C'étaient les fils ou petits-fils des Français du grand siècle qui se posaient sérieusement à ce premier spectacle du monde, comme les conservateurs des chefs-d'œuvre enfantés par le génie national sous les yeux de leurs pères. Nourris d'une forte et saine littérature, formés à l'école des talens supérieurs, ces arbitres de la scène défendaient leur précieux patrimoine, ne souffraient rien qui blessât le bon goût et le sentiment du beau. La médiocrité les craignait trop pour oser se produire devant eux; et les artistes tragiques ou comiques, quel que fût le degré de distinction qu'ils eussent atteint dans l'estime de ce public, se retiraient soucieux et tristes après la représentation lorsque l'improbation des *connaisseurs* s'était suffisamment *exprimée par le silence* de la fameuse canne à pomme d'or.

Il y avait alors peu de jeunes gens au parterre, et il n'était pas facile d'émouvoir des auditeurs mûris par le temps et désabusés des illusions qui font le charme et souvent l'erreur du premier âge.

Ce n'est plus cela aujourd'hui : je n'ai pas besoin d'opposer ce qui est à ce qui fut, et d'entrer dans le détail des causes qui ont amené la transformation. Celle-ci est sous nos yeux, et ce ne sera qu'en parlant des comédiens qui ont paru sur notre scène pendant les soixante dernières années, que je toucherai quelque chose du changement dont j'ai été le témoin.

LEKAIN.

Je me rappelle que LEKAIN vint jouer à Amiens, ma ville natale, en 1776 ou 1777. J'avais sept à huit ans. Ma mère me mena au spectacle; on donnait *Zaïre*, et j'eus une si grande peur d'Orosmane, de ses gros yeux et de son poignard, que la taille, la figure, la pose de cet acteur ne se sont jamais effacées de ma mémoire. Oh! oui, c'était bien Lekain; car, à la première vue de la gravure qui est dans mon cabinet, et au bas de laquelle est ce vers :

« Le voilà donc connu ce secret plein d'horreur ! »

tous mes souvenirs furent réveillés, et même la peur qu'il m'avait faite.

J'ai lu des détails sur ce grand tragédien, et j'en ai entendu parler assez souvent pour m'en être formé une opinion que je crois juste et fort près de la vérité.

On dit généralement que cette âme forte s'était révélée à Voltaire avant d'être connue du public, et que le développement des facultés naturelles de Lekain a été dirigé par ce littérateur plein de tact et de goût. Faire l'éducation d'un lion emporté, jeune encore, par sa fougueuse nature, n'était pas une entreprise indigne de ce célèbre auteur. Les premiers essais furent difficiles, et on se rappelle encore la colère du maître quand, en se précipitant sur l'élève-roi, il lui criait aux oreilles : « Bourreau, tu m'assassines! pourquoi, traître, rugis-tu de la sorte?... »

Je ne sais pas jusqu'à quel point ces rapports sont fondés; mais, ce qui est exact, c'est que les rôles qui sont le plus généralement cités en l'honneur de ce talent, sont tous ou presque tous du théâtre de Voltaire.

Lekain était d'une taille ordinaire; ses formes étaient ramassées, et sa tête plus énergique que gracieuse; le caractère n'en était ni grec ni romain; à en juger par ses portraits, il se rapprochait davantage du type africain.

Sa puissance, m'ont dit, il y a quarante à cinquante ans, des hommes éclairés qui l'avaient suivi, était dans une vaste intelligence de son art, dans la conception vigoureuse des situations de chaque rôle, dans son âme brûlante, et dans sa voix profonde, impérieuse, pleine d'éclat pour la colère, de tendresse pour l'amour, de déchiremens pour les grandes douleurs, et d'accablement pour le désespoir.

C'était en mettant ces ressorts dramatiques en jeu que Lekain se montrait successivement prophète dans Mahomet, passionné et jaloux dans Orosmane, chevalier dans Tancrède, conquérant soumis par l'amour dans Gengis-Kan, noble et pathétique dans Vendôme, indomptable dans Zamore, vaillant et tendre fils dans Arzace.

Dans ses momens d'abandon et d'exaltation, m'a-t-on dit encore, quand l'éclair était dans ses yeux et le tonnerre dans sa voix ; quand son cœur d'amant se brisait en éclats, on se sentait transporté sur la scène qu'il remplissait de son génie, et une grande dame de la cour s'écriait : « Dieu! qu'il est beau! »

On m'a raconté sur cet homme extraordinaire une anecdote qui peut trouver grâce dans un écrit composé de souvenirs.

Lekain était à Lyon pour y donner quelques représentations au théâtre de cette ville ; les premiers rôles de la tragédie étaient joués par un jeune homme en faveur duquel la nature avait été prodigue de ses dons. Ce jeune homme s'appelait Larive. Lekain faisait son début par Vendôme dans *Adélaïde Duguesclin*. Le rôle de Nemours appartenait à l'emploi du jeune premier, et c'était bien celui-ci qui avait paru à la répétition qui avait été faite la veille de la représentation ; mais, au moment de l'exécution, ce fut Larive qui parut. Quelques instans avant le lever du rideau, ce brillant acteur s'était présenté à Lekain pour lui faire part de l'indisposition soudaine qui retenait chez lui le comédien chargé du rôle.

Lekain crut que cette substitution avait été concertée, et que Larive, vain comme on l'est à vingt-cinq ans, quand, à la beauté on joint un magnifique organe, s'était fait un malin plaisir de se faire valoir à côté du grand maître, et un peu à ses dépens peut-être. Lekain prit donc de l'humeur. Or, l'entrée de Nemours, à la deuxième scène du second acte, est annoncée par lui-même, du fond du théâtre par ces vers :

> Entreprise funeste
> Qui de ma triste vie, arrachera le reste!
> Où me conduisez-vous ?

Et Vendôme répond :

> Devant votre vainqueur,
> Qui sait d'un ennemi respecter la valeur,
> Venez, ne craignez rien....

On raconte donc que ces mots : « devant votre vainqueur, » qui, dans la situation, doivent être adoucis pour se lier à ceux qui

les suivent, et laisser apercevoir l'attendrissement de Vendôme à l'aspect de son
frère blessé qu'il va bientôt reconnaître,
ont été articulés par Lekain avec tant de
hauteur et de fierté, que le public, déjà
frappé de la présence inattendue de Larive, a été mis sur-le-champ dans le secret
du mécontentement de Lekain, et couvrit
ces premiers mots d'applaudissemens pro-
longés qui furent une terrible leçon pour le
jeune présomptueux. Larive, ajoute-t-on,
en fut attéré, et encore que Lekain, craignant d'avoir été trop compris et vengé,
mît, après l'interruption, un soin tout particulier à ajouter avec la plus affectueuse
bienveillance :

> Qui sait d'un ennemi respecter la valeur,
> Venez.....

et plus fermement en lui prenant la main :

> Ne craignez rien.....

Larive se tournant, comme il le devait,

vers son écuyer, dit avec une si touchante humilité :

Je ne crains que de vivre ;
Sa présence m'accable, et je ne puis poursuivre,

que le public ému lui rendit le courage par de vifs battemens de main.

Le vieil artiste, nommé Dumanoir, qui me donnait ces détails comme en ayant été le témoin, ajouta que Lekain fut si admirable pendant cette représentation, que Larive dut demeurer convaincu qu'il lui succèderait peut-être, mais que jamais il ne le remplacerait.

La vérité puisée par mon intelligence dans ce qui m'a été rappelé de toutes parts sur les effets produits par l'immense talent de Lekain, c'est qu'avant lui, comme après lui, personne n'a eu des entrailles comparables aux siennes. Une seule femme de nos jours a peut-être, dans ses premières années, donné une idée du pathétique du grand acteur, c'est la demoiselle Duchesnois.

Mlle DUMESNIL.

Je n'ai que des traditions sans suite sur les demoiselles Dumesnil et Clairon. Je n'ai lu aucun des mémoires qui ont été faits sur ces célèbres tragédiennes. Selon l'opinion de quelques personnes qui avaient joui de leur talent et qui m'en ont parlé, mademoiselle DUMESNIL semblait se produire sans étude et presque sans art; s'abandonner à ses inspirations sans autrement se mettre en peine de ce qu'elles seraient aujourd'hui ou demain. Il suivait de là qu'elle était inégale, mais aussi que, ne copiant personne et ne se copiant pas elle-même, il y avait dans son jeu une originalité qui piquait le public et ne permettait à personne de s'attendre à ce qu'allaient produire cette spontanéité de sentimens, et cette liberté de verve et d'expression. L'actrice était ainsi toujours nouvelle et surprenante. La déclamation notée et prétentieuse de son temps ne gâtait pas sa manière. Loin de là, sa diction était brusque, coupée, même négligée. Dans les longues tirades elle courait comme à un but ; et tout à coup s'élevait avec la rapidité et la majesté de l'aigle au dessus de tout ce qui l'entourait ; et de cette hauteur déclarait ses volontés, intimait ses ordres, répandait la terreur et déchirait l'âme par ses douleurs de mère et ses fureurs jalouses d'amante ou d'épouse. Telle était mademoiselle Dumesnil dans *Clytemnestre*, disant au roi des rois :

Est-ce donc être père.....

et à Iphigénie :

Et vous, rentrez, ma fille.....

Telle elle était dans *Médée*, noyant sa vengeance dans le sang de ses enfans ; telle dans *Agrippine*, telle dans *Cléopâtre*, telle dans tout son emploi ; en un mot, la vérité toujours, mais inégalement, et le sublime souvent.

C'est là l'impression que mademoiselle Dumesnil avait faite sur mes historiens, ses contemporains, et l'hommage respectueux qu'ils rendaient à un talent qu'ils disaient inimitable à jamais, à moins qu'une organisation semblable ne sortît encore une fois des mains de la nature.

—

Mlle CLAIRON.

Mademoiselle CLAIRON, et c'est ainsi qu'il en est parlé partout, c'était toute autre chose. Née moins expansive et plus méditative, elle a fait, pour ainsi dire, le calcul de ce qu'elle avait en propre et de ce qu'elle devait acquérir pour composer l'art dans lequel elle voulait exceller. C'est le compas à la main qu'elle a fait ses études; et il paraît que l'on pouvait dire de sa première manière, comme les Athéniens de Démosthènes l'avaient dit de ses *Harangues*,

3

qu'elle sentait l'huile, qu'elle était le fruit trop visible de ses veilles.

C'est cet appareil de science et de combinaison que mademoiselle Clairon apporta sur le théâtre de Paris la première fois qu'elle y parut. Il était impossible qu'elle y fût bien reçue. Comment! de l'apprêt en face d'un parterre accoutumé à l'allure vive et sans gêne de mademoiselle Dumesnil! Une méthode procédant lentement et pesamment à côté du bouillant Lekain! De la raideur et de l'économie dans les sentimens, en opposition à la sensibilité paternelle de Brizard! Rien que de l'art, quand la simplicité naturelle de Préville et la vive et spirituelle Dangeville ravissaient la ville et la cour! Oh! non, mademoiselle Clairon s'était trompée: il fallait revenir sur ses pas, tout changer; il fallait des années: l'actrice le sentit, se retira et alla à Bordeaux, je crois, jeter d'autres fondemens pour asseoir sa célébrité. L'œuvre fut accomplie.

De retour à Paris, mademoiselle Clairon

lit voir que contre le travail dirigé par une haute capacité, soutenu par l'amour de son art, les résistances sont vaines, celle même des premières habitudes, la plus forte de toutes peut-être.

Pour prix de ses courageux efforts, elle eut l'honneur de porter assez long-temps la couronne sur la scène française, et certes le public, dans l'admiration qu'il eut pour son talent, se plut à rendre justice à la résolution qu'elle avait formée et exécutée, de se *refondre* elle-même.

—

PRÉVILLE.

Je viens de nommer PRÉVILLE : pourquoi n'en dirais-je pas quelques mots, moi, qui ne vais pas à Senlis sans faire une pose devant la maison qu'il a habitée ?

Par bonne fortune je me trouvais à Paris lorsque long-temps après sa retraite, et à titre de bonne œuvre, pour les pauvres, je crois, il reparut sur la scène avec sa femme. Je les vis un soir dans deux comédies, l'une peu connue, portant pour titre, si je ne me trompe, *la Femme Invisible;* l'autre, *le Bourgeois Gentilhomme.*

Dans la première, il m'en souvient, le rôle de Préville était fortement intrigué : il le détailla avec la naïveté, la crainte, et ce je ne sais quoi de tourmenté qui le rendait assez à plaindre pour que personne n'osât rire de sa frayeur ; toutefois on sentait son âge et l'interruption d'exercice.

Dans le *Bourgeois Gentilhomme*, la partie du public qui avait vu cet excellent comédien dans sa force le retrouva d'avantage. M. Jourdain était bien là comme chez lui, d'un naturel parfait, jouet innocent de sa vanité d'enfant; entassant, de la meilleure foi du monde, ridicule sur ridicule, sans se douter le moins du monde que les gens du bel air qu'il voulait imiter, s'amusaient à ses dépens, et n'entendaient faire connaissance qu'avec ses écus.

Lorsque le maître de langue lui fit arrondir les lèvres pour prononcer *en principe* la lettre O (je le vois encore), il fit une petite moue d'enfant, s'assura avec les doigts si sa bouche était ronde en effet, prononça l'O timidement d'abord, puis, par degrés, avec une résolution et un succès dont il s'émerveillait à cœur joie; puis encore s'écria : « Dieu, que c'est beau ! » mais dans un enchantement si communicatif que toute la salle cria comme lui et le couvrit d'applaudissemens sans fin.

Madame Préville, femme de haute stature et d'un port noble, eut sa part du bon accueil, et fut très remarquable dans la scène où, récapitulant toutes les folies de M. Jourdain, son cher époux, elle le rappelle à lui-même, lui fait honte de sa sottise et le remet dans son bon sens.

Saisir la nature sur le fait, être exactement le personnage du rôle; toujours vrai, très vrai, sans que l'étude parût; jouer indistinctement tous les genres et faire toujours dire : « Est-il bon, est-il pur, est-il excellent, ce Préville, etc.; » cela tout d'une voix ; enfin, vivre admiré et mourir regretté, tels furent le mérite et la destinée de Préville.

Je mettrai moins d'hésitation dans mes souvenirs sur les acteurs qui étaient au Théâtre-Français lorsque j'atteignis l'âge de vingt ans.

Je les ai goûtés à loisir et vus dans tout leur emploi. J'ai pu les mal juger, mais, juste ou non, mon jugement a pu être formé sur une assez grande quantité de rôles. Je deviens donc l'éditeur responsable de mes impressions personnelles vis-à-vis de mes contemporains et me livre à leur critique, s'il peut y avoir une critique légitime en matière de compte-rendu de sensations éprouvées selon son organisation, quand il s'agit d'ailleurs, non d'une décision d'artiste, mais d'une opinion d'amateur.

—

MOLÉ.

Je parle d'abord de **Molé**. Je ne l'ai pas connu jeune, jouant les jeunes premiers, dans la tragédie et dans la comédie. Sur cette première époque j'ai entendu dire que personne aussi bien que lui n'avait peint l'amour, les combats, le fanatisme et les remords du Séide de Voltaire dans son *Mahomet*. Je dus le croire, quand, sur la vivacité qu'il avait à plus de cinquante ans, je pus me faire l'idée de ce qu'il devait être à la scène vingt ans plus tôt.

Quel homme que Molé, ou plutôt que d'hommes dans Molé !

Ce n'était pas par la beauté des formes, quand je l'ai connu du moins, qu'il frappait d'abord et prévenait pour lui. Son buste était long, ses membres courts, et parce qu'il avait du ventre, la culotte, que l'on me passe ce détail, que ne soutenaient pas alors les bretelles que l'on porte aujourd'hui, descendait au grand déplaisir de l'acteur ; il en relevait la ceinture à tout moment, mais avec une aisance si particulière que l'on se demandait s'il y avait nécessité, ou seulement un jeu d'homme de cour, où le sans gêne en toutes choses était en faveur. C'est ainsi que Molé portait fréquemment le doigt sous le nez, comme si, à l'imitation des hommes de qualité, il faisait usage de tabac d'Espagne.

Voilà, pensera-t-on, une étrange manière d'ébaucher le portrait d'un homme charmant ! C'est vrai, mais je n'en ajouterai pas moins que Molé n'était pas bien de figure quand je l'ai connu, suivi et admiré. Le temps, apparemment, en lui donnant de l'embonpoint, lui avait ôté une partie des avantages extérieurs auxquels, dans sa jeunesse, il avait dû, m'assurait-on, de remarquables conquêtes. Ce grand acteur portait l'habit de cour, le chapeau et l'épée admirablement bien. Son aisance et sa grâce étaient inimitables. C'était un plaisir de le

voir prendre, ouvrir, fermer, remettre sa
tabatière et jouer avec le jabot et les man-
chettes. Sa marche, sa pose, son action, tout
en lui plaisait aux yeux et trompait le temps
auquel il échappait par toutes les issues.

J'ai été témoin d'un phénomène d'illusion le jour où, parvenu à sa soixante-cin-
quième année, il joua l'Inconstant, qui, dans
la pièce, n'en a pas vingt. C'était une représentation à bénéfice, et le public savait
que la liberté *grande* que son favori prenait
avec lui avait eu son encouragement dans
les bontés dont ce dernier s'était rendu digne par ses travaux et ses succès pendant
près d'un demi-siècle. Je peux assurer que
Molé fut si léger, si vif, si pétulant dans ses
mouvemens, si rapide et si brillant dans sa
diction, dans les caprices et impatiences de
ce caractère, qu'il fut évident, pour tout
le monde, qu'à aucune époque de sa vie il
n'avait pu être plus parfait dans le rôle.

Que j'étais heureux quand j'assistais aux
représentations du *Misanthrope*, du *Philo-*

sophe marié, du *Méchant*, de *l'Amant bourru*, de *l'Impatient*, du *Mariage secret*, du *Vieux célibataire*, de *la Gageure imprévue*, et surtout de la petite pièce du *Legs*, que l'on appelait *le Diamant*, tant l'exécution en était éclatante de perfection.

Dans la première de ces pièces, c'était du premier vers au dernier une verve qui dominait tout. Que les lenteurs de Philinte et ses éternelles transactions avec le vice étaient fatigantes! et combien il était difficile de concevoir l'hésitation de Célimène pour accepter le don d'un cœur amoureux où siégeaient si à découvert tant d'honnêteté et de noble indépendance!

L'avantage attaché à un talent plein, ferme et complet comme celui de Molé, était, pour l'effet théâtral, que les divers caractères tracés dans un ouvrage se trouvaient forcés de se produire nettement. Par cela que le misanthrope, la parole toujours haute, va droit devant lui et d'un pas à renverser tout ce qui peut lui faire obstacle,

on comprend tout de suite pourquoi Philinte
doit être souple, patient, ne montrant que
le profil; pourquoi Célimène est embar-
rassée dans sa coquetterie; pourquoi l'hy-
pocrite Arsinoé emploie l'artifice dans la
poursuite de son dessein de plaire à Alceste
et de nuire à Célimène. Les ressorts du
drame sont ainsi mis en jeu.

Dans presque toutes les pièces, le prin-
cipal personnage est le moteur de toute
l'action; si l'acteur qui le joue est supérieur,
il pousse tout ce qui l'entoure à montrer du
talent; ce talent, il le crée, pour ainsi dire,
par la toute-puissance de l'intelligence qu'il
développe et qu'il communique. C'est bien
là l'attraction de la circonférence au centre,
dont les effets étaient sensibles aux représentations de Molé. Ce n'est pas dire que,
sans lui, les beaux talens eussent manqué
dans les autres emplois; je suis si loin d'une
aussi blessante injustice, que j'ai la conviction que, sans ces autres beaux talens, celui
de Molé eût été moins fini. Tout n'est-il

pas action et réaction dans les arts comme dans la nature.

Dans le *Misanthrope*, la seconde scène du premier acte était d'un effet extraordinaire. Cette rudesse envers Oronte; cet assaut livré à une vanité d'auteur; cet homme, toujours de qualité, qui fait plus de mal par ses ménagemens que par les traits de sa critique; ce mépris du sonnet, puis de chacun des vers dont il est composé; ces *que* sur *que* qui faisaient rire de si bon cœur; cette dissection de l'œuvre par excellence d'un sot qui a l'insolence de se placer sur les brisées de l'amant de Célimène, étaient choses admirables dans la bouche et dans les jeux de scène de Molé. Mais c'était le

Si le Roi m'avait donné
Paris, sa grand'ville.

qu'il fallait entendre; c'était la répétition, crescendo, qu'il en faisait! Il n'y avait pas moyen d'y tenir; on était enlevé par les élans d'une tendresse sans égale; c'était une gerbe de feu que cette chanson pourtant si simple et si vieille. J'ai vu depuis d'autres comédiens dans le rôle d'Alceste ; mais j'affirme que Molé y déployait une si grande supériorité, que Fleury, le seul qu'on puisse citer dans le *Misanthrope* depuis Molé, est demeuré fort au dessous de son modèle. Je ne fais au reste que répéter ce que Fleury lui-même m'a dit plus d'une fois.

Je ne peux pas avoir l'intention de rappeler, dirai-je mes études sur Molé, en le suivant dans chacun de ses rôles. Je n'ai point à professer, je n'ai personne à diriger. Est-il d'ailleurs un amateur de mon âge qui ne sache comme moi que, dans le *Méchant* de Gresset, Molé encourait la haine du spectateur à qui il paraissait né pour le malheur du prochain, tant il se montrait instinctivement fécond en malignités, et possédé du démon de la médisance, de la calomnie et de la perfidie ; tant il était exécrablement spirituel dans ses conjectures, ses commentaires, ses dénigremens, et

dans ses empoisonnemens de toutes person.
nes et de toutes choses ;

Que, dans *l'Impatient*, Molé ne touchait
pas la terre et semblait être à tout, l'objet
présent excepté ;

Que, dans *le Vieux célibataire*, c'était,
de bas en haut, le joug de l'habitude per-
sonnifié ;

Que, dans *le Mariage secret*, les indiscré-
tions naïves, les maladresses nuisibles et
les gaucheries se succédaient avec tant de
naturel et de bonté, précisément pour
créer des embarras, que chacun levait la
main pour la lui poser sur la bouche et le
condamner au silence.

Je dirai quelque chose de plus sur *le Legs*,
petite pièce en un acte, de Mariveaux : excellente, disait le caissier, parce qu'elle faisait toujours atteindre le *maximum* de la
recette.

Toute affaire cessante, il fallait aller au
spectacle. La comédie du *Legs* était jouée
par les premiers talens : le marquis par

Molé, la comtesse par mademoiselle Contat, Hortense par mademoiselle Mars, le Chevalier par Armand, Lisette par mademoiselle Devienne, Lépine par Dazincourt.

L'intrigue place les personnages dans les situations les plus embarrassantes et les plus délicates. Si le marquis n'épouse pas Hortense, il faut qu'il lui compte une grosse somme et dérange sa fortune ; il ne peut pas l'épouser parce que son cœur est à la comtesse ; il ne peut pas fournir l'argent parce qu'il craint d'être trop peu riche pour la femme à laquelle il veut consacrer sa vie. Hortense veut l'argent pour l'apporter en dot au chevalier qu'elle aime : l'un et l'autre sont dans la crainte que l'impuissance de payer ne soit sans remède pour le marquis. Ce remède, cependant, est dans les mains de la comtesse qui est disposée favorablement pour le marquis ; mais celui-ci, qui appréhende que ses hommages ne soient suspects d'intérêt, ne fait aucune déclaration d'amour à la comtesse quoiqu'elle l'attende, et même l'encourage. Comment sortir de là? C'est autour de cette difficulté que s'agitent les personnages.

Toutes ces scènes, et il y en a vingt et une, se dialoguaient et nuançaient avec une perfection de ton, de délicatesse et de vérité qu'il était impossible d'applaudir assez. Comme il y a mystère pour tous les intéressés, les conversations se faisaient à demi-voix, sur le bord de la scène, les coudes se touchant pour ainsi dire, *cubito presso*; c'était comme une broderie dont on avait peur de rompre un fil par le plus petit bruit; le vol d'une mouche aurait donné de l'humeur. Jamais, non jamais un pareil concours de talens ne se reproduîra. Ces grands artistes avaient vécu sous des influences qui n'ont qu'une époque dans la gloire littéraire d'une nation.

Molé m'entraîne loin peut-être : aussi je m'en sépare en le rappelant dans *l'Amant bourru* de Monvel.

J'étais à la dernière représentation que donna Molé. L'auteur et l'acteur furent appelés à grands cris pendant qu'on baissait le rideau. A peine fut-il levé que l'un et l'autre parurent se donnant la main. Émus par l'éclatant suffrage du public, chacun d'eux s'inclina vers son ami, comme pour lui attribuer l'honneur de la soirée... et tout le monde crut entendre Molé disant à Monvel : « Je rends grâce à ta pièce de ce beau moment. » Et Monvel répondant à Molé : « Sans toi, ma pièce aurait-elle produit cet effet ? »

—

MONVEL.

MONVEL, puisque je viens de le nommer, avait perdu ses dents lorsque je le vis à la scène ; sa prononciation était devenue pour lui une difficulté. Il lui fallait toutes les ressources de son art pour faire oublier cette injure du temps. Cet acteur a essayé, comme l'avait fait Aufresne avec succès, de faire adopter le débit simple, naturel; de faire abandonner la déclamation reprochée à l'ancienne école, et surtout de prouver qu'il y a une différence à saisir entre la véritable sensibilité qui touche et la véhémence qui étonne. Diderot disait qu'en parlant avec lenteur, J.-J. Rousseau pénétrait parfois ses interlocuteurs d'un feu qui circulait dans ses veines.

Dans le rôle d'Auguste de *Cinna*, Monvel, qui n'était aidé par aucun avantage physique, déployait sa manière avec une admirable sagesse; il avait bien raison de dire :

Je suis maître de moi comme de l'univers ;

car il n'y avait pas une seule scène dans cette vigoureuse tragédie de Corneille qu'il ne dominât par la supériorité de son intelligence.

A la nouvelle de la conspiration, l'ingratitude de Cinna confondait d'abord l'expérience qu'Auguste croyait avoir chèrement acquise des passions et du cœur de l'homme. On voyait qu'il ne comprenait pas comment ce Romain qu'il avait tiré de son obscurité avait pu, sous le poids des bontés dont il l'avait comblé, trouver un motif d'inimitié, et assez d'audace pour attenter à la vie du maître du monde; mais, en suivant attentivement Monvel, on assistait à la révolution qui s'opérait dans l'âme d'Auguste lorsqu'il apprenait que ce Cinna, sa créature, égaré par une ambition d'emprunt, n'était que l'instrument d'une femme qui, pour venger son père, armait le bras d'un amant. Cette découverte du véritable ressort de la conspiration éclaircissait le front de l'empereur, et comme il concevait qu'une Romaine qui avait dans les veines une portion du sang qu'il avait fait couler, pût avoir soif du sien, on apercevait qu'il ne pouvait la mépriser; qu'il calculait avec sa conscience et sa politique pour peser ce qui convenait le mieux à sa sûreté, soit la justice rigoureuse, soit la clémence; craignant au premier cas de perpétuer les haines qu'il avait allumées par sa cruauté; espérant, en faisant grâce, d'abattre ses ennemis par sa générosité, et de prouver sa foi en sa force, non seulement en leur laissant la vie, mais encore en les plaçant si près de lui qu'il leur donnait, en quelque sorte, sa personne à garder.

Monvel, en calmant Émilie, en ménageant Maxime, en écrasant d'abord Cinna pour le relever ensuite, s'emparait du public qui ne trouvait rien de plus grand que cette conduite d'Auguste. On applaudissait à sa magnanimité; et quand arrivait la magnifique scène où l'empereur déroule le complot, nomme les conspirateurs et replonge Cinna dans le néant dont sa faveur l'avait tiré; celle du monologue, dans laquelle il met en présence ce qu'il a osé pour s'emparer du pouvoir souverain, ce qui se passe actuellement, ce qu'il lui importe de conjurer dans l'avenir: celle encore où,

environné de sa puissance, et le glaive de
sa justice sur la tête des coupables, il dit :

Soyons amis, Cinna...........

Pour épouse, Cinna, je te donne Émilie.

lorsque, dans le cours de ces scènes et
dans ces situations éminemment dramatiques, Monvel déployait l'habileté de son
jeu, la profondeur de ses intentions, et
cette diction si simple, si juste, si péné-
trante qui attachait et charmait les spectateurs, l'admiration du public était portée
au plus haut degré, et je me rappelle que
l'on voyait avec chagrin l'action toucher à
sa fin.

Pourquoi donc cette jouissance manque-
t-elle aux générations qui sont aujourd'hui
dans leur force ? Est-ce la faute de l'acteur ?
est-ce celle du parterre ? Faut-il s'en prendre à tous deux ou au changement de notre
goût et de nos mœurs ? Je sais bien la réponse, mais à quoi servirait de la faire ?

Pour Monvel, qui jouait à merveille l'A-

mant bourru dont il est l'auteur, il y avait une comédie que l'on disait être le triomphe de son talent, c'était *Ésope à la cour* de Boursaut.

C'était à raconter la fable et à faire parler spirituellement la bête que Monvel se complaisait. La variété de son débit et la finesse de son jeu dans cette série d'allusions aux courtisans et au roi lui-même, faisaient le bonheur des connaisseurs. Pas un des fidèles inféodés à cette époque au Théâtre-Français ne manquait à ces représentations : c'était vraiment à mettre les bossus à la mode. Je ne dirai rien de plus sur cet homme d'esprit.

—

LARIVE.

Nommer LARIVE, c'est rappeler l'acteur qui ne pouvait pas manquer de l'être. Si M. Mauduit, dont il était le fils, eût mis obstacle au goût de ce jeune homme pour

la carrière du théâtre, celui-ci eût eu le droit
de lui opposer qu'il y avait de l'injustice de
la part de son père à l'éloigner de l'art pour
lequel il l'avait évidemment mis au monde.

A trente ans Larive était superbe : figure
fière, franche, noble, héroïque ; front haut,
cheveux bien plantés, sourcils légers et doucement arqués ; œil grand, long, brillant à
la scène ; le nez aquilin, d'une régularité
parfaite ; la bouche moyenne, ornée de
dents d'ivoire ; le buste dans les proportions
du plus beau dessin ; les membres dégagés,
se pliant sans peine à tous les mouvemens ;
les mains et les pieds d'accord et d'ensemble avec tout le reste du corps ; la taille élevée, souple, svelte et gracieuse : était-il
possible de ne pas prendre plaisir à voir un
aussi bel homme ?

Pouvait-on n'en pas trouver à l'entendre ?

Son organe était enchanteur : plein, rond,
doux, sonore, harmonieux et d'une flexibilité si prodigieuse que l'on n'aurait su comment s'y prendre pour compter les cordes

d'un pareil instrument, pour trouver une limite à son étendue, et une mesure pour les inflexions qui, à la volonté de l'acteur, au gré de son âme et de ses passions, servaient à modifier les sons, à les monter, descendre et briser, quelle que fût la gamme que cette voix parcourût, du commandement à l'obéissance, de la jalousie à la confiance, de la haine à l'amour, de la fureur à la tendresse, de l'orage du cœur au calme parfait de tous les sens. C'était ravissant.

Et que l'on ne croie pas que l'effet produit sur moi par Larive quand j'avais quinze ans, dure encore, et que cinquante-six ans écoulés depuis n'ont pas suffi pour me rendre raisonnable : non, je n'exagère pas, je ne dis rien de trop quand il s'agit des avantages physiques que par un privilége unique il réunissait en sa personne.

Ce n'est pas à la scène seulement que j'ai vu et entendu Larive. Deux fois il accepta de quelques jeunes gens, à Orléans, des réunions qui eurent lieu après le spectacle

qu'il avait donné. C'étaient des soupers d'a-
mateurs enthousiastes, après lesquels, ou-
bliant qu'il quittait à peine le théâtre, il avait
la complaisance de redire les principales scènes de ses principaux rôles. Larive aimait
que l'on entrât en scène avec lui, et chacun
s'y prêtait. C'est dans ces épanchemens,
au milieu d'une jeunesse qui lui jetait des
couronnes, que Larive s'abandonnait à son
art, en révélait les secrets et en déployait
les ressources. Dérouler à l'aise dix à douze
vers sans reprendre haleine, était un jeu
pour lui, et c'était vraiment d'une soirée
de mélodie que l'on sortait quand on se re-
tirait, non pour goûter le repos, mais pour
aller troubler celui de ses parens, en redi-
sant à pleine voix les vers que l'on venait
d'entendre.

Oh! non, je n'ai pas exagéré; mais il
me reste à dire l'emploi que Larive, comme
acteur tragique, a fait de ces richesses.

La supériorité ne lui fut contestée par
personne dans les rôles qui sont dans la

tête, si je puis parler ainsi ; je veux dire
dans les rôles chevaleresques : dans Vendôme, dans Bayard, dans Tancrède, dans
le général Montalban de *la Veuve du Mala-
bare*. On se pressait au théâtre quand il
jouait le *Cid*, et, dans ses dix dernières années, le *Philoctète* de Laharpe.

Beau dans *Achille*, beau dans *Orosmane*,
beau dans *l'OEdipe* de Voltaire ; mais les juges difficiles, en ce temps, l'accusaient d'inégalité dans les deux premiers de ces rôles :
« bien dans la partie héroïque de ces caractères, disaient-ils ; mais il y a de l'amour dans
ces cœurs là, et Larive n'est pas amoureux. »

Dans les *Oreste*, tout n'était pas frappé
juste. Dans le *Mahomet* de Voltaire, l'Am-
bitieux, le Faux prophète, le Rusé politique, l'Imposteur, le caractère entier n'était
pas assez profondément étudié, assez habi-
lement saisi. Dans ce rôle, et dans tous ceux
qu'il fallait creuser pour les rendre vraiment, fidèlement, complètement, Larive
était faible, le but n'était pas atteint ; le bel

acteur restait en deçà du grand tragédien.

Il faut donc tirer cette conclusion, que Larive n'a fondé sa réputation que sur une partie de l'emploi des premiers rôles; qu'il n'était bien placé que dans les situations excentriques; que la force d'esprit nécessaire pour pénétrer dans les passions de l'homme, pour descendre au fond des cœurs et y découvrir les ressorts cachés des actions, lui a manqué; qu'enfin il eût fallu quelque chose de plus à ce brillant acteur pour être placé par les amateurs éclairés au rang des premiers comédiens de son époque.

Larive eut des rôles, je les ai cités, et dans ces rôles il ne fut pas détrôné par Talma. Si Talma n'avait eu que des chevaliers à mettre en scène, il aurait vécu sans réputation.

Larive fit courir tout Paris pour la scène lyrique de *Pygmalion* : qu'en aurait fait Talma ?

Larive fut excellent dans *Spartacus*.

Talma, ayant eu des applaudissemens dans *Coriolan*, prit, après de longues hésitations, le parti de s'essayer dans *Spartacus*. Pour n'y être pas l'imitateur de Larive, il étudia une autre manière ; mais il échoua, parce que, m'a-t-il dit lui-même, Larive avait été si vrai dans le personnage, qu'il n'y avait plus qu'un écueil à rencontrer sur une autre route.

A chaque artiste donc sa nature et son type ; non que j'entende opposer l'un de ces tragédiens à l'autre, toutes choses se heurteraient dans la comparaison ; je l'expliquerai plus tard.

Mon jugement sur Larive, autant que j'en peux porter un, n'étant pas sans sévérité, qu'il me soit permis de l'adoucir en rappelant que le rôle du comte de Warvick lui fit le plus grand honneur ; que chaque fois qu'il le jouait, le public ne manquait pas l'application de ces vers de la pièce :

Seigneur, Warvick arrive ;
Le peuple impatient se presse sur *ta rive*.

c'était bien une manière toute française de
faire son compliment à l'acteur en faveur.

—

SAINT-PRIX.

L'acteur qui doubla Larive et prit, jeune
encore, l'emploi des pères nobles, s'appelait SAINT-PRIX. C'était un homme grand,
large, étoffé de tous points. Sa voix était
forte, lourde peut-être, et manquant de
cette sonorité et surtout de cette flexibilité
auxquelles Larive avait accoutumé les oreilles ; mais, à tout prendre, la nature l'avait
taillé pour représenter les personnages pour
lesquels le développement du corps et l'ampleur des moyens physiques sont des avantages rationnels.

Sous les traits de Saint-Prix, Caïn, le
premier né d'Adam, sur les reins duquel
une légère toile était seulement jetée, in-
spirait l'effroi, et on concevait, à cet aspect,

comment un pareil bras, à l'origine du monde, avait pu être chargé de donner à la terre le premier exemple du fratricide. Saint-Prix créa ce rôle avec intelligence et vigueur, et y fut fort applaudi. Il eût été beau à peindre, disant ce vers :

Travailler et haïr, voilà donc mon partage !

C'était le tonnerre grondant sur Abel, tandis que des yeux du premier meurtrier jaillissait l'éclair précurseur de la foudre qui va écraser une tête innocente.

Saint-Prix était bien un Atride dans *Agamemnon*, un implacable ennemi des Romains dans *Mithridate*, le compagnon d'Hercule dans *Philoctète*, un roi furieux et un père abusé et irrité dans le rôle de Thésée. Son œil était de feu et paraissait teint du sang de son fils, quand, en se précipitant sur le bord de la scène, dilatant convulsivement sa poitrine et jetant les bras aux cieux, il fulminait son invocation au dieu des mers.

Saint-Prix était mieux le cœur gonflé par la colère que le cœur brisé par la douleur. Il ne lui était pas donné d'émouvoir et de tirer des larmes. Les entrailles de père lui manquaient pour *Hippolyte* et pour *Iphigénie*, dans les situations où la passion se tait pour laisser parler la nature.

L'un des meilleurs rôles de Saint-Prix fut celui de Rutile dans *Manlius–Capitolinus ;* on le citait dans Joad d'*Athalie* ; mais, pour moi, il y était plus exalté qu'inspiré, plus véhément que pénétré.

Il y avait, dans *Mahomet II*, de Lanoue, un moment où, style de théâtre, il ne manquait jamais son effet.

Sorti précipitamment pour apaiser une sédition dans son camp, et interrogé à sa rentrée en scène sur l'état des esprits, il répondait avec un dédain effrayant :

Madame, ce n'est rien : un peu de sang versé,
Un chef anéanti..... Le péril est passé.

Les derniers mots de cette réponse, dont

le laconisme est saisissant, étaient jetés par
Saint-Prix aux pieds de son Irène avec une
insouciance passionnée qu'il était difficile
de louer assez : aussi la salle éclatait-elle
d'applaudissemens.

Pour être juste, il faut convenir qu'il serait
bien heureux pour Paris qu'un acteur du
mérite de Saint-Prix vînt prendre, au théâtre de la rue de Richelieu, possession de
l'emploi auquel, pendant vingt-cinq ans,
cet homme généralement estimé prêta l'appui de son talent.

—

DUPONT.

Il m'est resté peu de souvenirs de l'emploi des jeunes premiers.

Il y a quelque quarante-cinq ans, l'acteur
que le public de Paris aimait dans cet emploi, était le jeune DUPONT. C'était bien
l'Abel, frère du Caïn que je viens de décrire.
L'opposition des caractères était comme

exprimée par la différence des formes. Dupont était blond, mince, d'une faible santé. Son organe, sa figure, toute sa personne se recommandaient à l'intérêt par ce je ne sais quoi de souffrant, de triste, de douloureux qui remuait le spectateur et le portait à désirer qu'il obtînt des succès. On voyait que l'on mettrait le comble à sa mélancolie si l'on ne trouvait pas l'occasion de lui donner courage et appui en l'applaudissant. Ces occasions étaient heureusement fréquentes. Ses qualités étaient la candeur, la sensibilité, la vérité ; il avait dans sa faible voix un accent suffisant pour bien communiquer au public les émotions qui faisaient trembler ce corps frêle qu'elles agitaient outre mesure. Dupont saisissait bien les caractères, et pliait ses petits moyens aux sensations avec l'intelligence qui distingue presque toujours ces existences maladives.

Parmi ses bons rôles, je rappellerai Abel, Nérestan, Nemours, Xipharès et autres, dans lesquels, au répertoire de cette époque, étaient en action les passions généreuses, les sentimens vertueux et la tendresse.

L'âme usa l'enveloppe en peu d'années, et on eut plus de regret que de surprise quand on apprit que sa carrière théâtrale était terminée. Je crois qu'il se retira par raison, et prit un emploi par convenance. Si je ne me trompe, mademoiselle Dupont, si remarquable aux Français dans les soubrettes *bon bec* de Molière, est la fille de notre bon et honnête Dupont.

SAINT-PHAL.

SAINT-PHAL, à la même époque et postérieurement, se montra avec distinction dans la même carrière.

Cet acteur, d'un assez beau physique, ardent dans sa jeunesse, chaleureux dans sa virilité, a fini par se complaire dans une manière tranquille et reposée.

Sa personne était estimée parce qu'on savait que l'honnêteté peinte sur sa figure était en fidèle pratique dans ses mœurs et dans ses actions.

Son organe, il faut en convenir, n'était pas agréable, et sa diction blessait les oreilles délicates ; il scandait le vers, martelait la prose, et appuyait *mot sur mot*, même lorsque le débit courant, vif et pressé, était commandé par la situation ; soit resserrement de la gorge, soit rétrécissement de la glotte, soit épaisseur ou attache imparfaite de la langue, il y avait, pour Saint-Phal, un obstacle quelconque à la prononciation qui, pour moi, faisait tache à son talent.

Ce n'est pas là une susceptibilité déraisonnable. Se donner en spectacle, c'est reconnaître en soi les conditions essentielles du succès que l'on ambitionne ; et comme tout se passe en paroles sur la scène, la première de ces conditions, c'est de parler librement, et assez librement pour être sûr de soi, quel que soit le mouvement, quelle qu'en soit l'accélération. Le public est là pour entendre et pour être agité; pour entrer dans chaque passion, aller, courir, se précipiter avec elle; il faut bien que l'acteur aille, coure, se précipite le premier, puisque ses sensations sont les agens des sensations d'autrui, et que son âme est le foyer où s'échauffent toutes les autres âmes.

Eh bien! il y avait, dans l'usage que Saint-Phal faisait de la parole, un aheurtement, je ne sais quel lien dont les nœuds étaient marqués par des échappemens que les auditeurs délicats auraient pour ainsi dire comptés.

Saint-Phal, à cela près, était bien dans le Pyrrhus d'*Andromaque*, dans Gaston de *Bayard*. Son succès fut grand dans *les Victimes cloîtrées*, à côté de Fleury. Dans ses dernières années, on le voyait avec bien du plaisir dans *le Vieux Célibataire*, et sur-

tout dans le personnage de Lafontaine,
dans la comédie appelée *la Maison de Molière*. Dans ce rôle, c'était la vérité même,
c'était bien notre inimitable: sa naïveté, sa
bonté, son esprit et ses distractions de bonhomme.

Une bonne part de bonheur est faite à
l'homme qui, dans cette carrière, a joui
d'une estime aussi générale. Il faut y avoir
bien des droits pour la posséder aussi in-
contestablement que l'a possédée Saint-
Phal.

—

DAMAS.

DAMAS, à son tour, a rempli cet emploi.
Ses moyens avaient été remarqués à un
théâtre secondaire; il ouvrit là sa route
pour la rue de Richelieu.

C'était un comédien bien intelligent, bien
laborieux, Damas!

Il s'emparait de la scène, puis il l'échauffait, partie par son activité, partie par son talent.

Parce qu'il avait le don de la pénétration, il courait le risque d'en rencontrer l'abus ; c'est, selon moi, ce qui lui arriva.

Damas me parut avoir plus de zèle que de goût ; embrasser, en étudiant un rôle, plus qu'un acteur sage ne doit étreindre. Je veux dire qu'à l'exemple de Baptiste aîné, il creusait, creusait et s'évertuait à trouver, dans le rôle, beaucoup plus d'intentions que l'auteur n'en avait placées. Cette prétention de jeter de la lumière sur toutes choses, anéantit l'effet de la peinture : on ne comprend pas, dans les arts, un tableau sans ombres, un mouvement sans repos. L'attention du spectateur est assaillie par une affluence d'idées que l'acteur veut rendre toutes saillantes. Il y a nécessairement dans tout cela tant de pierres fausses, que le chatoiement imposteur en est fatigant; les véritables beautés sont compromises en mauvaise compagnie; et l'acteur qui, à la recherche des effets, en veut produire plus qu'il ne doit, en produit moins qu'il faut.

C'est là ce qu'était pour moi Damas.

La partie mimique de son jeu n'était pas assez ménagée ; parfois il grimaçait, et toujours il enfonçait sa tête dans ses épaules ; et il faut ajouter que, sans respect pour les vers, il chevrottait sur les monosyllabes ; répétait deux, trois et jusqu'à quatre fois un *oui*, un *non*, un *ah!* un *et*, faisant ainsi deux pieds d'un demi-pied. Molé se donnait quelquefois cette licence ; mais licence de roi, au temps de Molé, ne tombait pas dans le public.

Eh bien, tout ce que je viens de rappeler aux personnes qui ont vu Damas, ne nuira pas à l'opinion qu'elles ont eue, et à bien des égards avec raison, que c'était un chaud et vigoureux acteur ; qu'il était plein d'habileté dans les Philinte, d'aplomb et de ressources dans les personnages composés, d'élan dans certains autres caractères.

Après cela, pour le public comme pour

ses camarades, c'était l'homme utile par excellence, l'intelligence dramatique propre à tout et toujours prête.

Je parlerai plus tard d'Armand, de Michelot et de Firmin.

Je dois dire quels étaient, sous la livrée, les sujets les plus remarquables que les acteurs que j'ai nommés, et ceux que je nommerai plus tard, *ont eu à leur service*, je veux dire les notabilités dans l'emploi des valets. J'ai peine à désigner ainsi des hommes tels que Dazincourt et Dugazon.

—

DAZINCOURT.

Dazincourt, d'une figure fine et distinguée, avait la tenue, le ton, les manières d'un homme *comme il faut*. Aussi n'était-il vraiment à sa place que dans les intendans de grande maison. On s'expliquait tout de suite comment il arrivait qu'un grand seigneur

lui donnait sa confiance, en faisait son confident et presque son ami. Dazincourt avait
trop d'esprit pour ne pas augmenter de
respect pour ses maîtres quand ils ajou-
taient à leur bienveillance pour lui. Le
spectateur voyait que sa reconnaissance
s'exprimait délicatement par son obéissance, et que celle-ci était moins un devoir
qu'un besoin du cœur pour ce serviteur
discret, intelligent et estimable. Quand
Dazincourt était un messager d'amour, il
abordait les dames avec une politesse parfaite; pour les jeunes demoiselles, il était
rempli de ménagemens et de secours légers
pour leur innocence; pour les duchesses,
marquises ou comtesses, il était là, le chapeau bien bas, attendant leurs ordres;
mais pour les coquettes, ses révérences
avaient un autre caractère; la distance était
moins grande, ses yeux plus malins, sa
figure plus significative, et il faisait juger,
par ses petites minauderies, que, s'agissant
d'une intrigue et non d'un sentiment, il lui

allait de mettre plus de liberté dans son action.

C'était, dans les rôles fins, *un matois* de bonne compagnie qui complétait, par le jeu de la physionomie, le sens de ses paroles ; aussi ne le perdait—on pas de vue pendant tout le rôle : on n'était pas en scène avec lui quand on se bornait à l'écouter.

Dans le Pasquin du *Dissipateur*, Dazincourt fut un comédien admirable de tous points. Je ne peux pas le suivre d'un bout à l'autre dans cette comédie en cinq actes de Destouches ; mais mon âme s'émeut au souvenir de la dix-neuvième scène du cinquième acte :

CLÉON, ruiné.

Va-t-en trouver Julie
De ma part.

PASQUIN.

Oui, Monsieur.

CLÉON.

Dis-lui que je la prie
De payer tous mes gens et de les renvoyer.

PASQUIN.

L'affaire est faite, on vient de les congédier.

(*Il sanglote.*)

CLÉON.

Et toi ?

PASQUIN.

Je ne sais pas ce que l'on me destine...
Mais, qu'on me chasse ou non, mon pauvre cœur
s'obstine
A ne pas vous quitter, et, jusques à la mort,
Je suis bien résolu de suivre votre sort.

CLÉON.

Que ferais-tu de moi ?..... Je suis un misérable.

PASQUIN.

Le peu que je possède.....

CLÉON.

Ah ! ce trait là m'accable.

Dazincourt, en cette situation, était dans un accablement que l'on ne peut pas rendre : il était pâle, tremblant, trébuchant sur ses pauvres jambes ; ses yeux étaient attachés à la terre ; pour quoi que ce soit il ne les eût levés vers ce maître, pour lui victime *auguste* de sa dissipation ; il traînait chacun des vers qu'il trempait de ses larmes jusques aux pieds de Cléon, espérant de l'attendrir assez pour lui faire accepter son dévouement; et, parvenu enfin à ces mots : « *le peu que je possède*, » il était prosterné jusqu'à terre, et tout son être, âme et corps, demandait grâce pour l'étonnante liberté qu'il venait de se permettre. C'était un moment déchirant, et le mouchoir blanc, expression de douleur, était dans toutes les mains.

La scène française, en perdant Dazincourt, a vu disparaître ce genre de talent. Personne depuis n'en a rappelé le goût et le charme.

DUGAZON.

DUGAZON fut un tout autre homme, et si l'on a dit quelquefois de Dazincourt que sa manière n'aurait rien perdu à être moins stricte et moins serrée, on ne s'est jamais avisé d'en dire autant de cet autre comique.

Dugazon était au contraire plein de verve, de mouvement et d'abandon. Acteur consommé, comme on sait, et professeur assez habile, assez universel pour former des sujets pour tous les emplois.

Il faisait de sa figure tout ce qu'il voulait, et il avait toujours l'âge, les habitudes de corps et d'esprit du personnage qu'il représentait. C'était un fieffé fripon dans les Frontin, un riboteur modèle dans Larissole, un prothée dans les travestissemens ; c'était l'insouciance personnifiée des artistes enthousiastes dans M. Fougères de *l'Intrigue épistolaire* ; c'était encore, chose étonnante ! l'acteur profond et admirable dans le rôle si difficile de Bernadille, dans la *Femme, juge et partie*, de Montfleury. Dans cette pièce

BERNADILLE.

Ah ! me voilà pendu !

Faute d'un faux témoin, faut-il me laisser pendre ?

. . . .

Le frisson de la mort m'a déjà saisi l'âme.

. . . .

JULIE.

Ainsi sur ce sujet tu n'as plus de ressource ?

BERNADILLE.

Non, que votre bonté, mes larmes et ma bourse.

JULIE.

C'est un faible secours, et je dois observer.....

BERNADILLE.

Quoi ! je serai pendu !

Pour voir et entendre Dugazon dans cette scène on affluait de toutes parts de la ville au théâtre, c'est à dire que tout Paris voulait voir comment un homme pouvait être si complètement pendu, et cependant parler encore. Cette peur d'abord, cette terreur ensuite, et enfin cette prise de possession de la mort, c'était effrayant, et tout le public anéanti par et pour Bernadille, répétait avec lui :

Le frisson de la mort m'a déjà saisi l'âme.

Dugazon a emporté ce rôle dans la tombe, et, avec lui, son Bernadille mourut réellement et pour toujours.

Quelles ressources dans ce talent, passant de ce profond sacrifice d'une vie à laquelle il se soudait pour ainsi dire, passant aux *Originaux*, à M. Petitpas, à M. L'Élu, à M. de Brétenville, et à cet autre original M. Fougères !

N'est-ce pas dans ces transformations qu'éclatent la force de l'esprit, la flexibilité du talent, et la souplesse des conceptions et des moyens d'exécution ?

Les amis de cet art peuvent donc tenir pour certain que si la simplicité, la naïveté et la pureté, charmes distinctifs de Préville, manquèrent à Dugazon pour atteindre à la hauteur de ce modèle, personne du moins n'en approcha si près.

La femme qui, à l'Opéra-Comique, porta le nom de Dugazon, eut, à d'autres titres, un très grand succès. J'en dirai quelque chose.

LAROCHELLE.

LAROCHELLE, autre comique du même temps, avait un jeu ferme et franc; il portait bien la grande livrée pendant les cinq actes des hautes comédies. Il était facile de voir que les emplois nobles avaient confiance en lui : c'était un sujet de la grande école.

MICHOT.

Je fis à Amiens connaissance avec MICHOT. Cette première occasion de jouir de ce talent singulier et à part, remonte à plus de cinquante ans. C'était pendant une vacance de Pâques. Une société d'acteurs et d'actrices détachés de plusieurs théâtres de Paris, s'était formée pour une excursion en province. Dans cette société étaient Michot et Bordier, une dame Laforêt, je crois, un sieur Saint-Clair, et l'auteur de la pièce des *Intrigans* et de celle de *Ruses contre Ruses*, appelé Dumaniant.

Cette Laforêt était une comédienne excellente dans l'emploi des soubrettes ; mais Bordier qui, aux premiers jours de la révolution française, fut pendu à Rouen, impliqué dans une conspiration dont le but aurait été l'incendie des barrières de cette ville ; ce Bordier était un acteur du plus grand mérite.

Dans Lolive, second comique de *Ruses contre Ruses*, où il disait, par prédiction de son triste sort : « Vous verrez que, pour arranger l'affaire, c'est moi qui serai pendu ; » dans Christophe Lerond ; dans *Baroco* ou le *Ramoneur prince* ; dans quelques autres rôles encore, la vérité du jeu de cet homme, doué d'une très jolie figure, avait un charme indicible. Sa manière naïve et douce, *son laisser-aller* plein d'esprit mettaient en saillie la verve et la vigueur qui distinguaient alors Michot et sa jeunesse ; et il arrivait de là que les scènes qu'ils attaquaient et *filaient* ensemble enlevaient le public.

Bordier, je n'en doute pas, a été le type sur lequel Michot s'est formé à cette exécution ronde et naturelle, qui lui a valu tant de succès pendant le cours de sa carrière théâtrale.

Il y aurait une sorte de prétention à la mémoire, à rappeler les rôles dans lesquels Michot fut vivement applaudi. Il y a trop peu de temps d'ailleurs qu'il s'est éloigné et que la mort l'a frappé dans sa retraite, pour qu'on l'ait oublié dans la comédie des *Deux Frères*, dans la *Partie de chasse d'Henri IV*, et dans le maître de taverne de la *Jeunesse de Henri V*. Cette pièce en trois actes semble avoir été faite, ou plutôt *donnée* à la scène française par Alexandre Duval, pour mettre en relief et dans un jour cher aux amateurs, les talens réunis de Fleury, de mademoiselle Mars, d'Armand et de Michot.

Fallait-il un Gascon, un Italien, un Normand, et, après ces hommes de malice, un paysan bien simple et bien lourd, Michot était toujours prêt, et toujours dans la vérité du caractère.

Comment la justice d'un public éclairé et bienveillant, car tel fut toujours le parterre à Paris, aurait-elle fait faute à cet artiste, quand il arrivait souvent qu'au milieu de cette gaieté communicative, qui était le fond de ce naturel original, Michot rencontrait avec tant de bonheur le pathétique qui de temps à autre accidentait ses rôles, que bon gré malgré il fallait s'attendrir et pleurer avec lui! Quoi de mieux dans les *Deux Frères* que Baptiste et lui, lui et Baptiste! C'était excellent.

C'est encore à Amiens, où toute la famille se trouvait réunie dans la troupe exploitant le privilége vers l'année 1782, que j'ai vu ce Baptiste aîné, devenu si savant dans son art, et aussi son frère Eustache, connu pour son amour des cancans dans sa petite ville de Landernau.

BAPTISTE AÎNÉ. (Anselme)

BAPTISTE aîné, d'une taille élevée et d'un
port imposant, eût eu peut-être dans la tragédie et la comédie un succès plus général, s'il eût poussé moins loin l'ambition
d'atteindre la supériorité. Quand il y a quelque chose à vaincre dans l'aptitude physique, on se livre à un travail qui devient une
habitude, et on se forme une seconde nature, qui n'est pas toujours sans influence
dommageable sur la première. L'œuvre de
soi-même nuit parfois à l'œuvre du Créateur de toutes choses. Il y faut prendre
garde.

Baptiste aîné avait de l'empâtement dans
la voix, et celle-ci paraissait sortir du nez
autant que de la bouche. C'était là de graves obstacles. Après avoir fait sur lui-même
de grandes études pour corriger, ou du
moins amoindrir ces défauts, subissant la
loi dont je viens de parler, il appliqua ses

veilles à ses rôles, et voulut, par la sagacité
d'esprit qui abondait en lui, racheter ses
désavantages corporels. Il chercha trop,
s'obstina à trouver dans les situations plus
d'effets pour le théâtre qu'elles n'en com-
portaient ; il laissa souvent la nature et le
vrai pour l'art et le maniéré ; s'étonnant
lui-même, et conséquemment se découra-
geant en s'apercevant que le public demeu-
rait froid précisément parce qu'il avait fait
de malheureux efforts pour l'échauffer.

Baptiste aîné pécha toute sa vie par cet
endroit.

Il n'en faut pas conclure que son talent
demeurât sans estime. Considéré dans le
monde, où il était fort bien placé, cet acteur eut des rôles de tenue dont on se souvient encore ; *le Philosophe sans le savoir,
la Métromanie*, milord Clarendon dans *Eugénie, le Dissipateur*, et surtout *le Glorieux*,
qu'aucun acteur n'a osé partager avec lui ;
le marin dans *les Deux Frères, Robert chef
de brigands*, où sa noblesse d'origine et quel-

ques élans d'honneur relevaient l'abaissement de sa situation ; et aussi l'*Amant bourru* qui était pourtant, les habiles le sentaient, une difficulté pour lui. On ne peut donc regretter pour cet acteur la peine qu'il s'est donnée pour être remarquable dans son art. D'ailleurs, à l'époque où Baptiste aîné fut reçu au Théâtre-Français, il fallait un mérite incontestable pour y être appelé.

—

BAPTISTE CADET.

Je n'ai pas eu ces remarques à faire quand j'ai vu jouer BAPTISTE cadet.

Pour lui, il s'est laissé glisser tout bonnement sur la pente du talent né et mort avec lui. Il n'avait qu'à se montrer pour être comique. Ce long corps, ces longues jambes, cette longue figure, ces bras qui ne finissaient pas, tout cela servait à en faire un niais accompli quand il voulait être niais, ou plutôt le paraître, car il était malin comme un singe, et on le voyait bien ; aussi n'y avait-il rien de spirituel comme ses bêtises. Sa voix douce, légèrement nasarde, et par cela même go— guenarde, se pliait à tous les tons, et il ne se les épargnait pas. Il faisait bien encore deux choses difficiles au théâtre, rire et pleurer.

Dans le vieil Harpagon des *Fourberies de Scapin*, il était dans une désolation qui, quoi qu'on en eût, excitait la pitié. Son

Diable! qu'allait-il faire dans cette maudite galère?

était bien le gémissement d'une âme avare torturée par un sacrifice d'argent. Et puis, lorsqu'à quelques jours de là on le voyait dans *les Héritiers* se tordre en riant du scandale de la petite ville et s'écriant : « Aie, aie, la rate... » ma foi, tout le public était transporté à Landernau, et ce n'était plus à Paris qu'on riait aux éclats.

Quelle figure avait Baptiste dans le Dandin *des Plaideurs*! Etait-ce là un magistrat en peine, une victime de la passion de juger tout le monde et toutes choses?

Rappelons-nous que quand il fallait parler raisonnablement, Baptiste s'y entendait fort bien. Ses intentions étaient justes, sa diction naturelle et pure. Pouvait-on mieux jouer les *Déguisemens amoureux*, être plus sage, plus varié, plus consommé dans les quatre ou cinq transformations que subit l'acteur? S'est-on avisé de jouer la pièce lors et depuis? Oh! non. Il faut donc dire que M. Eustache Baptiste fut un très bon comédien.

Pour les rôles dits à manteau, la comédie française avait à la fois Caumont, Lacave et Grandmesnil.

Les deux premiers étaient des hommes exacts et sages. Caumont était ferme et son intelligence pratique servait bien à l'ensemble d'une représentation. Lacave était le raisonneur par excellence : on peut demander à

M. Orgon du *Tartufe* si jamais homme du monde fût plus propre que Lacave à faire bouillir le sang des gens vifs.

GRANDMESNIL.

Mais GRANDMESNIL était un acteur supérieur, aussi remarquable dans sa sphère que pouvaient l'être dans la leur les premiers sujets de son temps.

Grandmesnil avait pris la comédie par goût; on peut même dire par passion. On le voyait au chaleureux empressement qu'il apportait dans l'étude de ses rôles. Sa famille était distinguée, dans l'aisance, et lui-même avait une belle fortune.

L'indépendance est l'âme des arts sans doute; mais lorsque le choix que l'on fait exige de la résolution contre certains préjugés, le public admet tout d'abord qu'une forte vocation a déterminé la volonté, et il prend confiance dans le talent qui se produit aussi spontanément.

Cet acteur dès ses débuts a fait juger, à la vérité de son action, qu'il obéissait à la nature, et que, comme une plante vigoureuse, il produirait ses fruits sans les devoir à de grandes préparations.

Grandmesnil était grand, maigre ; avait la tête longue, osseuse, et le nez aquilin. Sa voix était aigre et criarde, et il paraissait être à plein dans les conditions morales de son organisation, quand il était de mauvaise humeur, fâcheux et grondeur.

Les œuvres de Molière étaient bien placées dans ses mains. *L'École des Femmes*, *l'École des Maris*, *les Fourberies de Scapin*, *l'Avare*, et aussi *les Folies amoureuses* et *le Grondeur* de Bruéis, étaient autant de représentations dont il faisait les frais avec honneur.

Dans *l'Avare* surtout le comédien s'effaçait complètement : c'était le personnage ou plutôt la passion toute nue et dans sa laideur et son abjection. Quelle sentinelle, bon Dieu, pour garder un trésor ! L'âme et le corps n'avaient pas un moment de repos ; sa vigilance était tendue sans relâche, sans acception de personne : tout était ennemi, danger, conspiration, convoitise, attaque, effraction, escalade, bris de serrure, vol et escamotage autour de lui..... Voyons les mains, voyons les poches ; ôtez ce chapeau, deshabillez-vous pièce à pièce ; parlez-moi pour que je sache que vous n'avez rien de caché dans la bouche. Voilà ce qu'il disait, ou exprimait, ou pensait assurément, à en juger par cette inquiétude, ce tourment, ce tremblement qui agitaient le corps amaigri et desséché par le vice impitoyable dont il était la proie.

Lorsqu'un acteur fait voir et entendre tout cela par la force de son jeu, tous les traits de l'auteur portent à fond. C'est de Molière tout entier, sans réserve et sans faiblesse, dont la jouissance est donnée au spectateur. Il y a association et fusion de deux génies, et l'on ne voit, pour ainsi dire, qu'une main à l'œuvre, maniant le pinceau et saisissant l'homme sur le fait. C'était chose ravissante que la comédie de *l'Avare* jouée par Grandmesnil.

Je connais pourtant une dame, douée de beaucoup de sens et d'esprit qui, pour rien au monde, ne serait revenue à une de ces représentations de *l'Avare*. Dans le monologue qui termine le quatrième acte, après l'enlèvement de la cassette aux dix mille écus, le désespoir de cet acteur, cette âme en peine, ce vice ignoble subissant la torture et se tordant dans ses douleurs de cent manières différentes; ce tragique misérable, car il était vraiment tragique, apostrophant le public : « Que de gens assemblés ! je ne jette mes regards sur personne qui ne me donne des soupçons, et tout me semble mon voleur ! Hé ! de quoi est-ce qu'on parle là ? de celui qui m'a dérobé ? Quel bruit fait-on là haut ? Est-ce mon voleur qui y est ? De grâce, si l'on sait des nouvelles de mon voleur, je supplie que l'on m'en dise. N'est-il pas caché parmi vous? Ils se regardent tous et se mettent à rire : vous verrez qu'ils ont part sans doute au vol que l'on m'a fait. Allons, vite, des commissaires, des archers, des prevôts, des juges, des gênes, des potences et des bourreaux. Je veux faire pendre tout le monde, et, si je ne retrouve mon argent, je me pendrai moi-même après eux... » — « Toute cette scène d'une vérité horrible m'a trop cruellement persécutée, disait cette dame. Comment ! me voir soupçonnée, menacée et presque pendue parce qu'un cancre n'a trouvé qu'un démon dans l'or dont il s'était fait un Dieu ! (Ce sont ses paroles.) Oh ! non, de ma vie je ne m'exposerai à souffrir ce que j'ai souffert aujourd'hui. » La dame a tenu parole.

Que faut-il de plus pour rappeler Grandmesnil et réveiller bien des souvenirs ?

—

Mlle CONTAT.

La vie de mademoiselle Contat fut un règne, et personne ne crut la flatter en lui
disant : Je salue Votre Majesté.

C'est dans la comédie que cette grande
actrice régnait ainsi, et c'est assez faire remarquer que son droit au trône était tout
entier dans elle-même, sur son beau front,
dans son grand œil, dans sa pose, dans sa
voix haute et timbrée, et dans sa diction
ferme et imposante.

L'étranger arrivé à Paris la veille de la représentation, savait à l'heure même aussi
bien que tous les Parisiens, quel était l'emploi de mademoiselle Contat. Au fond de la
scène, les deux battans du salon s'ouvraient,
une femme paraissait : c'était la grande coquette dans tout l'éclat de ses charmes, dans
toute la puissance de ses séductions, et déjà

cet étranger n'était plus pour cette femme qu'un adorateur de plus.

Je n'ai pas besoin de dire que les grâces de la figure n'ont jamais suffi à la plus belle actrice pour faire sur le public une semblable impression, et que mademoiselle Contat ne parvenait à donner d'elle, à son aspect seul, une si haute opinion que parce que son âme élevée et forte animait et anoblissait toute sa personne.

Je me rappelle mademoiselle Contat dans Florise du *Méchant*, la baronne de *Turcaret*, Céliante du *Philosophe Marié*, la comtesse Almaviva dans *le Mariage de Figaro* et dans *la Mère Coupable*, la comtesse du *Legs*, la marquise de *la Gageure*, la Julie du *Dissipateur*, et l'autre Julie de *la Coquette corrigée*, et encore dans la madame Evrard du *Vieux Célibataire*.

Être parfaite dans tous ces rôles, c'était donner une grande preuve de la variété, des ressources et de la flexibilité de son talent, puisque pour les jouer ainsi il fallait réunir la tenue du beau monde, le goût délicat de la société française à cette époque, la vigueur de l'esprit dans certaines situations, la vivacité du caprice avec la frivolité de la fantaisie dans d'autres; la tendresse du cœur, et pourtant la faiblesse de l'amour; mais aussi l'énergique désespoir de la défaite à la suite d'une fière mais impuissante résistance.

Dans *la Coquette corrigée* de Lanoue, il fallait bien estimer et louer cette femme charmante, quand, en effet, elle était corrigée; mais n'était-ce pas grand dommage de voir se convertir ainsi, et devenir raisonnable, cette Julie fantasque, bizarre, légère, tendre, impétueuse et indéfinissable!

N'y avait-il pas un mérite immense à surpasser l'attente du public dans les vicissitudes rapides de ce caractère, et à élever vigoureusement l'original au dessus de la copie, quand, dès la septième scène du premier acte, cette copie était donnée par le marquis de la manière que voici :

Clitandre dit au marquis :

> Son éducation
> Vous donne un peu de soin :

et à cela le marquis répond :

> Non, sa vocation
> L'emporte. La nature en a fait un chef-d'œuvre.
> C'est le meilleur esprit, qui tracasse, manœuvre,
> Médit, sème le trouble, aime à tout diviser ;
> Qui brouillerait l'État ; le tout pour s'amuser.
> De révolutions, de conquêtes avide ;
> Qui voudrait envahir tout l'empire du Gnide.
> Son âme est tout à jour ; son cœur est un miroir,
> Dont l'amour disparaît dès qu'il s'est laissé voir.
> Petit monstre charmant, lutin indéchiffrable
> Qu'il faudrait étouffer, s'il n'était adorable ;
> Qui, blâmant, approuvant, raisonnant au hasard,
> Vous étonne, vous force à suivre son écart,
> Avant, qu'il soit deux mois, et sous ma discipline,
> De nos cercles brillans ce sera l'héroïne.

Cette peinture jetée là est évidemment un écueil pour les actrices ordinaires : pour mademoiselle Contat ce n'était qu'une esquisse incomplète de sa flexibilité dans le personnage de Julie, où elle passait de l'une de ces nuances à l'autre, avec la vivacité et la hardiesse d'un célèbre pianiste parcourant les touches de son instrument.

Fallait-il de l'aplomb, de la gravité, c'était encore du succès pour mademoiselle Contat : elle avait cela dans la Julie du *Dissipateur*, où la prudence, la discrétion, la contrainte, mettaient son triste cœur à la gêne jusqu'à ce que la ruine de Cléon étant consommée, elle se trouvait heureuse de lui prouver son attachement en l'arrachant à son désespoir par le don de sa main et la restitution d'une fortune qu'elle augmentait de la sienne.

Quant au trait d'esprit mordant, sans cesser d'être gracieux et de bonne compagnie, elle le lançait à désespérer les blessés, dans *le Méchant*, dans *Turcaret*, dans *le Philosophe marié*, harcelant ce mari honteux de l'être, et mettant en lumière, par la simplicité de sa droite raison, les ridicules prétentions et la fausse vanité d'un sa-

vant enflé de son égoïsme et de ses préjugés.

Pour l'habileté que doit déployer l'actrice
dans les situations complexes et dangereu-
ses où l'honneur d'une femme est compro-
mis par sa légèreté ou par sa passion, il était
impossible d'en montrer plus que mademoiselle Contat dans *la Gageure imprévue*
et dans la comtesse Almaviva.

Dans *la Mère coupable*, elle remuait les
âmes les plus indolentes et faisaient couler
d'abondantes larmes ; et puis, à peu de
jours de là, ce n'était plus que la bourgeoise
qui, de l'étage fort inférieur de gouver-
nante, s'élevait à la domination du *Vieux
célibataire*.

Quelle admirable adresse dans ses ma-
nœuvres pour inspirer d'abord de la confiance à son maître ! Quelle étude du caractère de ce bonhomme nonchalant pour
s'en assurer la direction ! Quelle souplesse aujourd'hui, quelle tyrannie demain !
Et enfin quel art d'insinuation, de médi-

sance et de dénigrement pour faire mourir dans ce cœur subjugué les affections de famille, pour en arracher les racines si profondes de la parenté ! et encore quelle audace pour chasser les héritiers de la place, après s'en être rendue maîtresse par la mine, la brèche et l'assaut !

Avoir vu *le Vieux célibataire* par Molé, Madame Évrard par mademoiselle Contat, c'est avoir assisté au spectacle le plus parfait que l'art, à son apogée, pût offrir au public.

Je ne peux passer sous silence l'une des créations les plus vigoureuses de mademoiselle Contat, le rôle de Suzanne dans la pièce déjà nommée du *Mariage de Figaro*.

Ce n'était pas, en effet, le talent d'une soubrette, telle distinguée qu'elle fût, qui pouvait suffire pour un personnage aussi marquant dans une comédie hardie, destinée à seconder, si ce n'était à faire, une insurrection contre les mœurs d'une certaine classe de la société.

Il fallait une femme gracieuse, fine, forte, de bonne compagnie; faisant comprendre à la fois le caprice d'un comte pour elle et les confidences de la comtesse; manœuvrant pour que l'infidélité qu'elle seconde devienne le châtiment de l'infidélité qu'elle feint d'accepter; glissant légèrement entre ces trahisons croisées pour garder à Figaro une foi de toutes parts compromise, et pour se sauver, corps, et biens surtout, dans le naufrage où périssent déshonorés les intrigans qui l'entourent, la convoitent ou l'emploient; maîtresse-femme que rien ne déconcerte, qui a réponse et remède à tout; qui commande aux maîtres qu'elle semble servir; se débarrasse des importuns comme des incidens, et se marie, enfin, malgré tout le monde, en chargeant le seigneur, qu'elle dupe, des honneurs de la cérémonie.

Mademoiselle Contat a joué ce rôle plus de cent fois de suite, et le charme un peu reprochable, qu'elle y répandait, croissait à chaque représentation.

Cette femme, célèbre dans son art, tenait chez elle cercle de gens d'esprit et de condition. Il y eut de la bonne fortune pour elle à paraître sur la scène à une époque d'éclat pour le Théâtre-Français ; à jouer avec Molé, Fleury, mademoiselle Mars, et à donner ses ordres à Dazincourt, et à mademoiselle Devienne qui, dans l'emploi des soubrettes, n'était pas moins applaudie que ses maîtres et maîtresses dans le leur. Il n'y avait pas de place alors pour les médiocrités.

—

FLEURY.

Je vis FLEURY pour la première fois dans *le Père de Famille* de Diderot. Dans l'habit d'artisan qui couvre Saint-Albin, Fleury ne me plut pas. Rien, selon moi, ne perçait à travers ce déguisement qui annonçât le gentilhomme ou les habitudes de l'opulence. Cet acteur, jeune alors, était pourtant dans le rôle : c'était bien l'emportement d'une passion violente, irritée par des difficultés que ne comprenait pas un enfant gâté quand il les rencontrait dans la vertu d'une pauvre ouvrière et dans l'honnêteté de ses humbles parens ; puis, en suivant Saint-Albin, on voyait qu'il se modifiait progressivement, que l'ardeur de ses désirs se calmait, que l'innocence de Sophie lui devenait chère, qu'il ouvrait les yeux et s'apercevait qu'il y aurait, dans sa position de jeune seigneur, un véritable crime à abuser par la fraude de la confiance que la simple fille prenait dans l'amour de Sergy, ouvrier, son égal et son ami ; que l'estime, et avec elle le respect, s'emparant définitivement de ce jeune cœur d'amant, Saint-Albin abandonnait la pensée de posséder Sophie à tout prix, pour se livrer timidement à l'espoir de mériter, par sa soumission et sa tendresse, une épouse comme elle.

Cet acteur, d'une taille ordinaire, avait je ne sais quelle dureté dans la figure. C'était probablement l'effet de ses sourcils épais et noirs. J'ai trouvé que son organe ne plaisait pas d'abord, et qu'il fallait que l'oreille s'y accoutumât. Cette voix était grave et profonde, mais elle avait de la rudesse et de l'âpreté. On s'apercevait donc qu'il y avait eu un grand travail pour l'assouplir imparfaitement aux nécessités du débit théâtral.

Le talent de Fleury, à mon sens, était, à l'intelligence près qu'il faut posséder d'abord, le fruit d'une longue et constante étude. S'il eut, lorsqu'il fut parvenu au premier emploi dans la comédie, des grâces à rendre, ce fut moins à la nature qu'à son courage et à sa ferme résolution d'atteindre les sommités de son art, malgré les difficultés que son organisation lui donnait à vaincre.

Molé excitait son émulation sans doute ; mais par sa supériorité, par l'ambition d'en jouir sans partage, et par sa longue possession de l'admiration du public, ce chef d'emploi formait un désespérant obstacle à l'avancement de son second.

Comédien dès l'enfance, Fleury arriva enfin; et aussitôt que ses mouvemens furent libres, et qu'il put déployer à l'aise toutes les parties du talent qu'il avait acquis au sein d'une société d'artistes célèbres, le public put mesurer l'étendue et la profondeur de ses études, le voir tragique et déchirant dans le drame, peintre habile des divers caractères dans la haute comédie, gracieux et malin dans quelques petits maîtres, copie fidèle de certains personnages historiques, faisant plaisamment et parfois cruellement, à la manière des talons rouges du temps, des roués de condition ou des libertins titrés, une victime de la bourgeoisie, qui avait la prétention d'avoir quelque chose de commun avec ces Messieurs là.

Quant aux drames, je citerai *Clémentine et Desormes*, *Dupuis et Desronais*, *Eugénie*, les deux *Négocians de Lyon*, et,

9

au fort de notre grande révolution, *les Victimes cloîtrées*, drame horrible, dans lequel des vœux de célibat imposés par des parens, sacrifiant la nature aux prérogatives du droit d'aînesse, étaient combattus par l'instinct de la liberté, et par une passion d'amant qui brûlait un cœur que des moines voulaient glacer ou arracher.

On essaierait en vain de rappeler le désespoir convulsif de Fleury luttant avec Saint-Phal, son généreux protecteur, contre les violences des oppresseurs. Les spectateurs se retiraient indignés ; on ne peut pas dire que toutes les femmes se retiraient aussi, car, à chaque représentation, on en emportait un bon nombre sans connaissance. Cette œuvre était alors une massue placée dans la main du peuple pour la double extermination des ordres religieux et de l'inégalité des droits entre les enfans. Conçue dans le but d'allumer des haines populaires, l'exagération des tableaux aurait frappé tous les yeux, si la raison et le bon

sens publics eussent été ce qu'ils sont aujourd'hui.

Fleury joua bien le Misanthrope, et aussi,
parmi tant d'autres rôles , celui de l'Amant
bourru.

Dans d'autres conditions de succès , son
talent fut applaudi dans le rôle du Tartufe,
encore que les spectateurs délicats lui re-
prochassent, et avec raison , je crois , qu'il
exagérait la pantomime , montrait trop vi-
siblement une hypocrisie qui perd son nom
si les ressorts en sont mis à nu; qu'enfin ,
sa convoitise sortait trop blessante de certains jeux de scène , qu'un acteur comme
Fleury, pensait-on , devait ménager et voi-
ler davantage.

La plus grande preuve qu'il ait donnée ,
peut-être , de son amour pour son art, a
été son application dans l'étude du rôle de
Frédéric , dans *les Deux Pages*. Fleury n'a
voulu s'en charger qu'à la condition que
beaucoup de temps lui serait laissé pour re-
courir à tous les genres de renseignemens,

dans le but d'atteindre la vérité la plus complète possible dans le portrait, dirai-je *le fac simile* du grand roi.

Quelques détails en sont donnés dans ce que l'on appelle les *Mémoires de Fleury*, au lieu de *Mémoires sur Fleury* dont on m'a nommé l'auteur. Notre célèbre acteur a porté l'habit de Frédéric long-temps avant la représentation, et aussi le chapeau, les bottes à l'écuyère et la canne; il a contracté, par une habitude de plus de deux mois, la courbure du dos et l'inclinaison du corps de gauche à droite; il a, de plus, saisi la parole brève, saccadée et dure du héros.

Il ne s'en est pas tenu aux divers portraits faits par des peintres, s'accordant sur les principaux points de ressemblance; il a causé, à plusieurs reprises, avec des hommes âgés qui avaient vécu à Berlin et à la cour; il leur a parlé comme, disaient-ils, parlait Frédéric; il l'a fait assez de fois pour toucher par la familiarité à la nature. Il posait, habillé de toutes pièces, devant ce conseil ; il faisait ses entrées, ses sorties, ses jeux de scène ; répétait son rôle tout entier, et n'a pris enfin foi et confiance en lui-même que lorsque d'une voix unanime les juges qu'il s'était donnés lui ont dit : « Vous êtes Frédéric ! »

Lors de la représentation, le public fut dans l'admiration à la simple apparition de Fleury-Frédéric. Le succès fut prodigieux. Cette jolie petite comédie fut une bonne fortune pour la caisse de la société, comme pour la réputation de l'acteur qu'on ne se lassait pas de voir et d'entendre ; et à la dernière soirée, comme à la première, l'attendrissement fut général au moment délicieusement amené et ménagé, où le page rêvant que sa mère est secourue par une main bienfaisante, le roi, touché jusqu'aux larmes de la tendresse filiale du charmant enfant, lui met dans la poche un rouleau de pièces d'or.

Ceux de mes contemporains qui, comme moi, virent plusieurs fois Fleury dans *les*

Deux Pages, me sauront quelque gré du plaisir que je leur fais en leur rappelant cet habile comédien.

Qui ne se souvient de lui dans *le Cercle*, dans *l'École des Bourgeois*, dans *les Femmes savantes*, dans *la Jeunesse de Henri V* ; de sa grâce dans le premier de ces rôles ; de sa raillerie plaisante, spirituelle, impitoyable dans le second ; de ses sarcasmes, perçant de part en part le Trissotin et le Vadius dans le troisième ; de son insouciante et dédaigneuse immoralité de grand seigneur dans Rochester ; et toujours et partout de son inébranlable aplomb quand il faisait, en s'en jouant, comme d'un passe-temps sans conséquence, une guerre goguenarde et sans trève ni pitié à la fausse pruderie de certaines femmes, aux scrupules des hommes timorés, aux fatuités d'emprunt de quelques bourgeois, et aux prétentions intolérables, disait-il, de la roture faisant de malheureux efforts pour vivre de pair avec les habiles de la noblesse. Quel feu roulant de plaisanteries dans les premiers de ces rôles ! quelle habitude du vice et quel cynisme dans le dernier !

Il faut cesser de se demander pourquoi le public d'aujourd'hui ne trouve plus aux représentations théâtrales les doux loisirs et les jouissances diverses que nos pères y allaient chercher. L'esprit du jour est aux affaires et à l'argent qu'on en tire ; les émotions sont à la Bourse. Il n'y a plus, à la marotte du siècle, que deux grelots qui font plus de bruit que de plaisir, savoir : l'égalité qui est la chimère, et la richesse, qui est, dit-on, la réalité.

—

ARMAND.

C'est sous les auspices des premiers sujets dont je viens de parler, et à leur exemple, qu'ARMAND se forma pour l'emploi des jeunes premiers. C'était un joli homme, d'une mise élégante, disant bien la comédie, et s'associant avec convenance et avec grâce à des talens qui l'eussent écrasé de leur supériorité s'il n'eût pas eu une valeur personnelle.

De la jeunesse dans ses manières qu'il conserva jusques à sa retraite, de la candeur, et, quand il le fallait, si ce n'était de l'âme, au moins de la chaleur d'action, furent les qualités qui le soutinrent pendant une assez longue carrière. Armand, dans tous ses rôles, était agréable au public. Il jouait les amoureux, persuadait qu'il aimait en effet, et qu'il eût été singulier que l'objet de sa passion ne la partageât pas. Ce fut certainement un grand honneur pour lui, d'être acteur nécessaire et à sa place dans un cadre d'artistes où la médiocrité n'aurait pu trouver grâce.

FIRMIN.

Firmin qui, du théâtre de l'Odéon, vint, vers les dernières années d'Armand, pour le seconder, était plus vif, plus chaud, plus vigoureux : il était bien comme cela pour la nouvelle école; il lui eût manqué bien des choses pour la précédente. Pour celle-ci, les avantages extérieurs, certain air de distinction, acquis par l'éducation et l'usage du monde poli, ne pouvaient faire faute au jeune homme qui se produisait dans cet emploi. Les mœurs et manières des hautes classes avaient pénétré dans celles intermédiaires, et l'élégance était le type avoué de la nation française avant que la révolution de 1789 eût fait de nous des Romains au temps de leur république. Firmin n'avait pas tout cela : sa petite taille, sa brusquerie, ses mouvemens impétueux, sa personne et toutes ses manières révélaient une nature forte, mais rude ; une intelligence prompte, mais sans les finesses de l'esprit et les délicatesses du goût. Je conviens que ces nuances, qui du bien font le mieux, échappaient au public comme elles manquaient à Firmin ; les temps étaient changés : aussi était-il généralement goûté et applaudi.

—

MICHELOT.

Il faut placer plus haut, selon moi, l'acteur **Michelot**. C'était un talent plus réfléchi, un jeune premier instruit, capable, raisonnant ses rôles, déployant sagement ses forces, et pourtant laissant à son âme assez d'essor et de carrière pour s'élever avec les situations, comme il le faisait voir dans le rôle de Polyeucte qui, dans la tragédie, était son triomphe.

Pour moi, j'aimais mieux Michelot dans

la comédie ; et il eut , dans un assez grand nombre d'ouvrages nouveaux, des créations remarquables qui le firent estimer des auteurs de ces pièces , mieux placés que tous autres pour juger l'intelligence du comédien , et rendre à son talent la justice qui lui était due.

M. Michelot est professeur au Conservatoire , et je ne doute pas qu'avec l'habileté qui lui a valu cette distinction , il ne parvienne à former de bons acteurs , si des jeunes gens nés pour cet art sont confiés à ses soins.

Dans l'emploi des princesses et jeunes premières, j'ai vu de bien aimables femmes. Dans la tragédie , les demoiselles Desgarcins , Sainval cadette, Vanhove, dame Petit, dame Talma , Volnais , Bourgoin. Dans la comédie , et en même temps , les demoiselles Mars, Lange, Mézerai, Rose Dupuis.

—

Mlle DESGARCINS.

Je n'ai, de la demoiselle DESGARCINS, qu'un souvenir bien léger : j'étais si jeune! On la rappelle, on en parle quand on veut citer une actrice dont la voix était touchante, pleine d'accens et de larmes ; dont l'âme tendre se passionnait avec tant de vérité, de pudeur et de retenue, que ses malheurs remplissaient la salle d'une tristesse profonde. Pauvre Alzire, pauvre Zaïre, pauvre Inès, que vos amans sont violens et cruels! Est-ce vous aimer comme vous devez être aimées, comme vous êtes nées pour l'être, que de vous aimer ainsi? Oh! non, disait-on de toutes parts : c'est pitié de voir les orages de la jalousie se déchaîner contre une fleur qui résisterait à peine à un souffle, à un soupir. Pauvre Iphigénie, quel père vous avez! Pauvre veuve d'Hector, pourquoi ce fils de l'impi-

toyable Achille ne vous laisse-t-il pas en
paix jouir de votre deuil et embrasser votre fils?.....

———

Mlle SAINVAL jeune.

Quant à mademoiselle SAINVAL jeune,
elle attaquait bien aussi le cœur des spectateurs ; mais c'était en l'assaillant plutôt
qu'en l'émouvant. Son organisation était
plus pleine et plus forte : on la plaignait
moins dans les mêmes situations, parce
qu'elle ne laissait pas craindre qu'une fureur d'amant ou qu'un revers de fortune la
brisât. A son énergie, on reconnaissait
qu'elle ne se laisserait pas abattre sans combat ; qu'elle était femme à haïr comme elle
savait aimer ; que si l'offense pouvait l'atteindre, la vengeance serait prompte et
puissante dans des mains comme les sien-

nes. L'Émilie de *Cinna*, la Camille des *Horaces*, l'Ariane abandonnée, la Roxane de *Bajazet*, tous ces rôles, sauf l'Ariane, plus politiques ou héroïques que tendres, étaient joués par mademoiselle Sainval, avec la vigueur, la fierté, le mouvement, le choc des passions contraires qui les rendent inabordables pour les talens vulgaires; et pourtant, pour achever de rendre justice au talent de mademoiselle Sainval cadette, il faut ajouter qu'elle savait amollir et plier cette âme forte quand il fallait qu'elle cédât à l'amour ou s'attendrît sous le charme des sentimens doux et généreux.

Mme TALMA née VANHOVE.

Mademoiselle VANHOVE a plu à Talma. Par son genre de talent exercé près de lui, elle fit qu'il attacha son bonheur à être l'ob-

jet de la tendresse qu'elle savait si bien ex-
primer dans ses rôles. Séduit par la fiction,
il aspira à la réalité et épousa.

La voix de cette actrice avait du charme ;
sa diction était juste et pure. Ses études
avaient été bien faites ; son intelligence de
l'art se révélait par la finesse de ses intentions. Sa manière était tempérée, molle,
il faut le dire, dans certaines situations ; et
je crois que c'est bien l'apprécier que de
dire qu'elle avait plus de science que de
moyens, que son talent était plus dans sa
tête que dans son cœur. Cependant mademoiselle Vanhove savait tirer des larmes,
parce que, quel que soit le naturel de l'actrice, il produit des effets s'il est libre dans
ses mouvemens, simple dans son action,
toujours lui-même et jamais forcé.

Mlle VOLNAIS.

Mademoiselle VOLNAIS était remarquable par la décence de son jeu. Il lui était difficile d'éviter la monotonie parce qu'elle avait la voix *grasse*, sourde, et qu'elle ne pouvait user que de cordes basses. Son organe enveloppait trop sa parole pour que celle-ci variât avec ses intentions. On aimait sa personne, et parmi les rôles auxquels sa manière pouvait s'appliquer, je rappelle avec plaisir celui d'Andromaque. Mademoiselle Volnais portait bien le deuil d'Hector, et ne manquait pas d'énergie pour défendre la mémoire de son héros, la vie et les intérêts de son fils.

Mlle BOURGOIN.

Mademoiselle Bourgoin aborda le même emploi avec des dons beaucoup plus gracieux. Sa figure était charmante, jeune et fleurie comme celle d'un bel enfant; petite bouche, petites mains, petits pieds, œil fin, disant bien des choses, et une physionomie qui, n'ayant pas de repos, n'en laissait à personne.

C'était mademoiselle Bourgoin qui, dans *Iphigénie en Aulide*, mettait, par ses attraits, tous les ressorts du drame en mouvement. Le spectateur, épris de la princesse, la trouvait digne d'Achille, de sa passion et de ses emportemens; la tendresse de Clytemnestre ne pouvait être moins vive et moins courageuse; les dieux étaient insensés s'ils faisaient en effet dépendre la chute de Troie du sacrifice de l'une de leurs plus séduisantes créatures; l'ambition d'Agamemnon serait horrible si elle étouffait dans son cœur son amour de père pour cette fille. Quant à la politique d'Ulysse, elle outrageait la nature, et le chef de tant de rois avait bien raison de lui demander s'il aurait la même obéissance pour Calchas, si, au lieu d'exiger le sang d'Iphigénie, cet inspiré des dieux demandait la mort de Télémaque.

Tout s'explique, quand l'Iphigénie gagne, par sa candeur, son innocence et sa grâce, la tendre sympathie du public; et c'est là un effet de la beauté et du don de plaire, que ne calculent pas assez les actrices qui s'aventurent dans ces rôles de jeunes filles, sans les charmes qui doivent armer ce sexe et accompagner cet âge.

Mademoiselle Bourgoin était on ne peut mieux dans ce rôle; elle le disait bien, le jouait bien. Sa voix était douce, claire, son accent bien net, sa pose simple, sa personne ingénue, et la scène la plus intéressante, peut-être, de cette admirable tragédie, était, au goût de bien du monde, celle où, protestant de sa respectueuse docilité aux ordres d'Agamemnon, elle entrait, par les plus touchans détails, dans l'immense chagrin que se préparait celui qui avait reçu de sa bouche, pour la première fois, *le doux nom de père.*

Cette actrice fut, de celles que j'ai connues depuis quarante ans dans l'emploi des jeunes premières, l'actrice qui y apporta la plus grande somme de *qualités naturelles.* Ce ne fut pas une comédienne du premier ordre, il s'en fallut de beaucoup. Sa naissance, son enfance n'avaient pas été accueillies en assez bon lieu pour que les traces de leur infériorité fussent effacées en elle; les amis de l'art dramatique ne s'y trompaient pas; rien ne supplée à la distinction de la première éducation; il y avait enfin plus d'instinct que de connaissances, plus d'imitation que de nerf et de création dans ce talent-là : c'est vrai, c'est bien vrai... Mais enfin on aimait à voir et à entendre cette jolie amoureuse, et personne ne trouvait étonnant que les yeux du farouche Hyppolite se fussent fixés avec langueur sur l'intéressante Aricie, et qu'il eût abandonné pour elle ses coursiers, sa chasse et ses forêts

Le moment n'est pas encore venu de me complaire dans mes observations sur mademoiselle Mars.

Mlle LANGE.

Pour mademoiselle LANGE je ne vanterai guère que son éclatante beauté. Je ne l'ai vue que deux fois sur le théâtre, et une troisième au concert qui, de son temps, attirait les jolies femmes de Paris aux réunions de la rue de Cléry.

J'ai vu mademoiselle Lange dans la jeune fille qui enflamme, sans s'en douter, la passion de la femme jalouse, dans la comédie de ce nom, comédie où l'auteur a manqué son but, car il y donne à l'épouse tant de raisons de croire à l'inconstance de l'époux, qu'il faudrait qu'elle fût de marbre pour demeurer insensible.

J'ai vu mademoiselle Lange encore dans *Nanine*. L'innocence d'une si brillante personne dans ces rôles paraissait d'un prix infini, et ce dût être en s'en émerveillant que l'un des plus riches industriels de cette époque demanda et obtint la main et la retraite de cette moderne Danaé, qui fut, comme chacun sait, le sujet d'un tableau où elle fut représentée sous une pluie d'or.

Mlle MÉZERAI.

Mademoiselle MÉZERAI était une autre jolie femme qui resta au théâtre bien des années, et ne se retira que lorsqu'une cruelle maladie, qu'elle aurait pu s'éviter, assurait-on, altéra sa raison. Quelle était bien faite pour l'emploi qu'elle prit : quelle taille, quelle finesse dans les traits, et quels yeux noirs! Il n'y avait rien dans son talent qui fût au delà du bien ; mais elle n'aurait pu, sans d'aimables qualités, du goût et de l'aplomb, se soutenir aussi long-temps auprès de mademoiselle Mars et au milieu de tant d'artistes renommés.

—

Mlle DUPUIS.

Mademoiselle Rose Dupuis était encore au théâtre il y a peu d'années, jouant des mères dont elle a été long-temps la blonde, grande et belle fille.

C'était une actrice sage, intelligente, de bon ton, dont la diction était juste, facile et le jeu ferme et reposé : le public la voyait toujours avec plaisir, et savait qu'à la fin de sa carrière elle était douée de tout ce qu'il faut pour donner d'utiles leçons aux jeunes personnes qui commencent la leur.

J'ai rappelé les actrices qui ont joué les jeunes rôles ; je vais parler de celles qui se sont fait un nom dans l'emploi des premières et des reines.

Mlle SAINVAL AÎNÉE.

Par ordre d'ancienneté dans mes souvenirs, je citerai mademoiselle SAINVAL aînée. Je ne l'ai vue jouer qu'en province et ne pense pas qu'elle ait tenu le premier emploi dans la tragédie à Paris, parce que *de corps* elle était si petite qu'il eût été difficile pour elle de paraître habituellement sur un premier théâtre encore tout glorieux des succès de femmes aussi belles et aussi admirées que les demoiselles Champmeslé et Lecouvreur. Celle-ci, superbe Cornélie dans son

deuil, serrant contre son cœur l'urne ciné-
raire de Pompée, était toujours présente
aux spectateurs... Qu'eût été mademoiselle
Sainval aînée comparée à ce type de la noblesse et de la grandeur?

Si mademoiselle Sainval n'eût été que
petite, le public n'eût eu qu'un sacrifice à
faire à l'illusion, qui est son premier besoin ; mais, hélas ! cette petite femme ne
montrait qu'au théâtre la figure qu'elle s'y
composait, et tout le reste du temps qu'elle
eût dû passer à la lumière du jour, elle s'y
dérobait sous le voile noir et épais qui, à la
ville, la couvrait toujours de la tête aux
pieds. Etait-ce donc pour sa préparation,
pour sa toilette, ou pour se pénétrer du personnage qu'elle allait représenter, qu'elle
se rendait à trois heures dans sa loge et s'y
tenait dans une rigoureuse solitude jusqu'à ce qu'elle sonnât ses femmes pour
l'habiller ?

Comment est-il arrivé que mademoiselle
Sainval aînée, tenue physiquement à une

si grande distance des conditions requises pour la profession de l'art dramatique, l'a cependant embrassé ?

Que son génie tragique réponde, et que son âme, que cette question semble évoquer, paraisse dans toute sa puissance pour rappeler, à qui serait tenté de l'oublier, que c'est par l'âme qu'une actrice est grande, et que l'œil du spectateur n'est pas difficile quand son cœur est vigoureusement attaqué, et quand ses facultés sont placées sous le charme d'un grand talent.

C'est dans *Sémiramis*, c'est à Babylone que j'ai vu ce prodige ; c'est aussi dans *Mérope*, dans cette entrée triomphante de la mère d'Egiste :

Celui que vous voyez, c'est mon fils !.....

Dans ces deux rôles, les seuls où je pus voir et juger mademoiselle Sainval aînée, elle me tint sous le joug pendant toute l'action, tant il y avait d'autorité dans son organe viril, et de hauteur dans son jeu ; cet effet était général , et chacun disait : « A quoi tient donc ce prestige exercé sur nos sens ? Ce petit être a plus de six pieds, et ce grand traître d'Assur et cet autre traître de Poliphonte ne sont que des enfans près d'elle. Quelle reine ! quelle mère ! »

A cette époque (1788) il s'était glissé au théâtre une prétention qui touchait de près à l'abus, celle de produire un grand effet par la manière de jeter, appuyer ou accentuer les monosyllabes. Mademoiselle Sainval s'y préparait de loin : on s'en apercevait à la négligence ou à la mollesse de diction dont elle allait faire surgir, comme par surprise et contraste , le *toi* , le *moi* ou le *vous*, qui n'étaient, à vrai dire, qu'un son dont la justesse pour la situation faisait le mérite. Il y avait, dans *Sémiramis*, acte II, scène VII :

La cendre de Ninus repose en cette enceinte,
Et vous me demandez le sujet de ma crainte,
Vous !...

Et dans la scène IV, acte IV, les *donne*, *je le veux*, d'où le *tiens-tu?* qui *l'écrivit?* que me *dis-tu?* qui étaient attendus comme on attend aujourd'hui, au Grand-Opéra, le « *Suivez-moi* » de Duprez, dans *Guillaume-Tell*.

Mademoiselle Sainval aînée avait fait d'immenses études qu'elle avait voulues trop fondamentales peut-être. Ce travail eût été plus heureux, à mon goût, s'il eût été plus ménagé pour être moins senti. Une forte nature n'a besoin que d'être réglée; la main qui la guide doit être légère. Pourtant il faut, pour être juste envers mademoiselle Sainval, lui tenir compte de ce qu'il en a dû coûter à une intelligence humaine pour faire sortir une grande tragédienne d'une toute petite femme.

A côté de ce portrait de mademoiselle Sainval, *et toute distance gardée*, qu'il me soit permis de placer un pendant en l'honneur des petites femmes.

—

LA PETITE SUZETTE.

C'est celui d'une première chanteuse qui, il y a bien cinquante ans, fit sensation sur la scène des principales villes, sous le nom de *la petite Suzette*. On courait l'entendre dans la Zerbine de la *Servante Maîtresse*, où elle était à croquer, comme on le disait alors, quand, se haussant sur ses petits pieds d'enfant, elle intimait ses ordres à son maître, et lui chantait :

> Allons, qu'on m'obéisse,
> Zerbine le veut ainsi :
> Elle est maîtresse ici.

C'était la *Roxelane* de l'Opéra-Comique.

Sur le bruit de son nom, le directeur du théâtre de Lyon l'avait engagée pour son emploi de première chanteuse. Suzette, descendant de la diligence, avait été indiquée à quelques jeunes gens; ces messieurs avaient été scandalisés pour l'honneur de

leur grande cité qu'un *chiffon* de cette mise,
de cette taille, de cette tournure, disaient-
ils, eût osé se présenter chez eux pour les
rôles de prima-dona. Leur mauvaise humeur gagna bientôt les habitués du parterre,
et il fut résolu que, pour châtier à la fois le
directeur et la débutante, on ne souffrirait
pas que celle-ci parût : la chose arriva ainsi.
C'était la *Servante Maîtresse* que l'on jouait;
les dames étaient impatientes de l'entendre,
le goût de la musique italienne, d'ailleurs,
germant alors dans les têtes françaises. Un
vif débat s'engagea donc entre le parterre et
les loges. Il était naturel que les pères et
mères des opposans finissent par l'empor-
ter, ayant, outre leur position, cet argu-
ment puissant en faveur de leur cause :
« Que dira-t-on d'un public qui repousse
une pauvre femme avant de l'avoir entendue? »

Suzette parut donc, joua, chanta, enleva
tout le monde. Quelle actrice! quelle voix!
quelle Zerbine! Bien, bien, messieurs les

Lyonnais, se dit *in petto* Suzette, applaudissez, applaudissez, le temps vous est court, car dans une heure je serai hors de vos murs et pour toujours. En effet, la petite fée était à minuit sur la route de Paris, et le souvenir de sa fière retraite se confondit avec celui de son triomphe. Suzette était aussi une toute petite femme.

—

MONROSE.

Pour en finir avec les petites statures et avec ma digression, car j'en suis aux reines et princesses, je demanderai si MONROSE, notre premier comique, est un grenadier? Non : cet acteur à la voix mordante et à la diction franche et ferme, est un petit homme qui, à la scène, n'était pas moins bien plus grand que Cartigny, quoiqu'il ne lui allât pas à l'épaule, et que Cartigny ne fût pas sans mérite. Pourquoi cela? C'est parce que dans cette petite enveloppe, du reste légère et accorte, il y a une intelligence vive, hardie, et une verve comique qui placent Monrose à la tête de son emploi. Dans *le Menteur*, *l'Etourdi*, *le Joueur*, et autres comédies en cinq actes pour lesquelles l'esprit de l'acteur a besoin de toutes ses forces, cet acteur prend une allure décidée, ne bronche pas, et d'un bout à l'autre a *le diable au corps*.

Des opinions diverses se sont produites devant moi sur ce talent.

Quelques personnes ne trouvent pas à Monrose l'élégance et le goût fin qui doivent distinguer Figaro, parce que l'auteur lui donne tout l'esprit et tout le savoir qu'il avait lui-même. D'autres pensent qu'il pousse l'espièglerie et la *charge* trop loin.

Je ne rejette pas toute cette critique si elle ne touche que légèrement le mérite incontestable de Monrose; mais j'ai toujours aimé à prendre sa défense et à faire observer sur sa gaîté, qu'un comique doit être comique; qu'il est beaucoup de rôles dans cet emploi qui doivent être chauffés, qu'on me passe le mot, par une action expansive, et par une pantomime ardente et excentrique; que l'exécution de ces rôles ne peut pas être compassée et froide parce qu'il plaît aux Français d'être graves comme les Espagnols de Charles-Quint depuis qu'ils se sont faits personnages politiques; parce qu'il nous arrive d'être tellement secs et positifs que nous ne savons plus comment on rit et comment on pleure; parce que nous en sommes, tant on nous voit désenchantés à trente ans et vieux à quarante, au point de ne plus comprendre le naturel, la naïveté, l'abandon d'esprit et de cœur qui, dans les œuvres de Molière, Regnard, Destouches et Dancourt, faisaient le bonheur des auteurs, des acteurs et des spectateurs. On *se guinde* aujourd'hui dans le capable et le sérieux; on fait plus d'accueil au *sous soi* de Samson, qu'*au va de bon cœur* de Monrose ; à l'esprit philosophique de Béranger qu'au génie chaud et chansonnier de Désaugier, à la correction du dessin enfin qu'à la chaleur du coloris.

Sur Monrose, après tout, sur sa valeur réelle comme artiste, il n'y a plus qu'un mot à dire : un journal a annoncé qu'il ne pourrait plus jouer, le public s'est attristé ; un autre journal a annoncé que Monrose jouerait encore, le public a repris sa bonne humeur.

—

Mme VESTRIS.

J'ai fait attendre les reines et les princesses ; ce n'est pas bien. Je reprends et parle d'abord de madame VESTRIS.

Cette dame, selon moi, était froide ; elle coupait ses rôles, sur la scène, trop exactement sur la mesure qu'elle en avait prise chez elle. Je ne la vis pas s'élever par l'inspiration du moment, par les saillies soudaines, traits distinctifs des cœurs chauds et des âmes élastiques, au delà de la portée ordinaire, et en quelque sorte *alignée* de ses facultés. Madame Vestris était sage et régulière, même dans la passion.

Que dire du jeu d'un artiste qui n'a jamais d'inégalités, d'écarts et même un certain désordre? La nature n'a-t-elle pas ses agitations et ses repos, l'onde ses flots qui changent, l'air sa température qui varie? Le cœur de l'homme enfin peut-il être sans mouvemens quand tout y passe et rien ne s'y fixe? Oh! non, l'actrice ne possède pas véritablement son art, quand elle a le malheur d'entendre dire d'elle qu'elle se possède toujours.

Madame Vestris, d'une taille ordinaire, était blanche comme ses vêtemens étaient blancs : il n'y avait pas assez de vie dans cette chair, assez de sang dans ces veines. Cet ensemble mat avait quelque chose de

statuaire comme le marbre ; et le spectateur, après avoir porté les yeux sur cet objet, semblait attendre qu'il en sortît une
voix pour dire : « C'est une femme ! » Quel
chemin cette actrice avait donc à faire pour
que l'on ajoutât : « Cette femme est bien
le personnage héroïque et passionné que je
suis venu chercher ici. »

Madame Vestris me laissait inanimé ; son
organisation glaçait la mienne. La faute en
était-elle à moi ?

Si les personnes qui l'ont connue et goû-
tée réclament contre la peinture que j'en
fais, je vais, pour les aider à me contre-
dire, leur donner une arme. Je leur fais la
confidence qu'ayant vu cette actrice dans la
tragédie de *Macbeth*, l'apparition nocturne
de Frédégonde quittant sa couche et traversant la scène, un poignard dans une main,
un flambeau dans l'autre, pour assassiner
un vieillard, ce spectre effrayant m'a pesé
toute ma vie sur la poitrine comme un cau-
chemar ; je conviens encore que madame

Vestris n'est demeurée dans ma mémoire
que telle qu'elle était dans cette scène
muette et terrible, et que c'est peut-être
sous cette impression que je la vois, que je
crois l'avoir vue partout, et qu'il m'arrive
d'en parler aujourd'hui.

J'accepterai volontiers cette explication,
et serai assez poli pour ne pas répondre
que mon opinion sur madame Vestris était
formée avant qu'elle me fît cette peur dans
Macbeth. Après cela, si je me trompe, je
ne demande pas mieux que de ne tromper
que moi. J'ai déjà dit que des jugemens
d'amateurs sont prononcés en premier ressort et toujours sujets à l'appel; que je ne
raconte pas des faits que tout le monde est
obligé d'accepter, mais que je suis l'histo-
rien de mes sensations personnelles, et
conséquemment sans autorité sur les sensations et décisions d'autrui. Que ceci soit
toujours chose entendue entre mes lecteurs
et moi.

Mlle RAUCOURT.

Mademoiselle RAUCOURT s'est présentée à la scène française avec des garanties de succès bien moins contestables.

Je ne l'y ai pas connue dans sa jeunesse ; quand je la vis, cette actrice était dans la force de l'âge et du talent, et, jusques à sa retraite, elle conserva sa haute stature, ce beau corps plein, sans pesanteur, auquel étaient attachés des bras ronds et une main petite et légère, tandis que, sous la tunique et ornés du cothurne, se faisaient remarquer une jambe gracieuse et un pied presque mignon, support trop délicat peut-être d'un ensemble mâle et majestueux.

Sur un col bien détaché des épaules, mademoiselle Raucourt portait haute, mais sans affectation ni raideur, une tête expressive, héroïque, à laquelle on eût désiré un œil plus grand et moins enchâssé sous le sourcil,

si l'on eût ignoré que dans un visage con-
formé comme le sien, la coupe antique qui
s'y reconnaissait, n'admettait guères d'autres yeux.

Sa voix n'était ni légère ni timbrée.
Celle qu'elle tenait de son organisation
était sans doute dure et rauque, car malgré
l'assouplissement qu'un long travail avait dû
faire acquérir à cet organe, instrument de
l'art où a excellé mademoiselle Raucourt,
celui-ci conserva toujours une rudesse un
peu gutturale qui ne disparaissait que lorsque le vent impétueux des passions disper-
sait çà et là ses énergiques paroles.

Mademoiselle Raucourt ne laissait rien à
désirer pour l'illusion ou l'imagination quand
elle représentait une impératrice, une reine;
quand elle portait une couronne, combat-
tait pour la défendre, ou conspirait pour
l'usurper; quand elle avait une ambition à
satisfaire, un outrage à venger, ses enfans
à protéger.

Il fallait la voir dans **Mérope** défendant

Egiste, dans Sémiramis couronnant Arsace, dans Clytemnestre couvrant de ses ailes de mère sa chère Iphigénie.

Les rôles du grand répertoire dans lesquels on citera toujours mademoiselle Raucourt, sont principalement l'Agrippine de *Britannicus*, la Cléopâtre de *Rodogune*, Sémiramis, la Jocaste d'*OEdipe*, la Frédégonde de *Macbeth*, Athalie et Médée.

Qui ne se rappelle *Britannicus* et la magnifique exécution de ce chef-d'œuvre quand elle était confiée à Talma, à Saint-Prix, à Michelot, à mademoiselle Raucourt et à mademoiselle Bourgoin.

C'était à mes yeux le triomphe de mademoiselle Raucourt. Toutes les parties de son talent se développaient largement dans cet admirable drame. L'autorité souveraine, pour la possession de laquelle elle n'avait rien épargné, va lui échapper : Néron veut porter seul la couronne et secouer le joug de la mère qui la lui a fait placer sur la tête par une intrigue habile, persévérante, audacieuse, ayant pour but d'épouser Claude, de lui donner pour gendre le fils qu'elle a eu d'Enobardus, son premier mari, d'arracher à Britannicus son légitime héritage, et de demeurer, sous l'usurpateur qui lui devra l'empire et la vie, maîtresse de Rome, comme elle l'avait été sous Claudius.

L'ambition de Néron s'allume au foyer de l'amour violent qu'il éprouve pour Junie : il veut être maître parce qu'il veut être satisfait; et c'est comme rival, bien plus que comme compétiteur que Britannicus périra. Burrhus le gêne, Agrippine l'importune, et c'est sur cette situation nouvelle que celle-ci a ses combinaisons à faire, un orage à calmer, une victoire de femme politique et ambitieuse à remporter.

C'est cette femme toute entière qu'était mademoiselle Raucourt à la scène. Son caractère était empreint sur son front altier et soucieux. Avant d'engager sa lutte avec Néron, elle disposait les esprits à la cour en défendant les droits d'Octavie, en encourageant la résistance de Junie à Néron, et l'amour de cette jeune fille pour Britannicus; en plaignant celui-ci, qu'elle avait dépouillé de ses droits, pour ce Néron qui devenait un ennemi commun pour leurs intérêts et se détachait de la direction de sa mère pour ne plus prendre de conseils que de Narcisse, son affranchi et son confident. S'étant ainsi rendue nécessaire à ces prince et princesse infortunés qu'elle attirait à elle par un langage extrêmement affectueux, mademoiselle Raucourt s'attaquait impérieusement à Burrhus, lui reprochait sa faiblesse pour son élève et ses passions, et travaillait soit à l'ébranler par la menace, soit à le gagner en le flattant, soit à l'intéresser à son autorité en lui en promettant les faveurs.

Arrivait enfin sa grande explication avec Néron qu'elle regardait d'abord assez longtemps fixement et en silence; qu'elle accusait vivement d'indifférence, d'hostilité et d'ingratitude; entrant, pour le prouver, dans le récit de tout ce qu'elle avait fait pour lui, et opposant à ce tableau, qu'elle animait par une action inimitable, celui de tout ce que Néron avait fait, faisait ou méditait contre elle. Cette scène est la deuxième du quatrième acte :

> Approchez-vous, Néron, et prenez votre place.
> On veut sur vos soupçons que je vous satisfasse :
> J'ignore de quel crime on a pu me noircir :
> De tous ceux que j'ai faits je vais vous éclaircir.
> *Vous régnez!.....*

Que de choses dans ces deux mots! Agrippine, sa politique, ses crimes, son succès ; l'indignité de la conduite de son fils envers elle, au moment où ils sont proférés ; tout cela était dans ces mots : *Vous régnez*, tant il y avait d'amertume et d'accusation dans la signification que par sa voix, sa pose et sa profondeur d'expression, mademoiselle Raucourt y attachait.

En réponse à cette imputation de Néron :

> Vous voulez présenter mon rival à l'armée ;
> Déjà jusques au camp le bruit en a couru.

Comme elle répondait :

Moi le faire empereur ! ingrat ! l'avez-vous cru ?
. . . .
. . . . J'ai détourné ma vue
Des malheurs qui, dès-lors, me furent annoncés.
J'ai fait ce que j'ai pu : *vous régnez ! c'est assez.*

Et enfin, comme la couronne qu'il lui semblait avoir reprise, rayonnait sur son front orgueilleux, quand, ayant quitté son fauteuil, debout, de toute sa hauteur, aussitôt que Néron, plus lassé que ramené, finissait ce vers :

Hé bien donc, prononcez : que voulez-vous qu'on fasse ?

Mademoiselle Raucourt se hâtait de répondre :

De mes accusateurs qu'on punisse l'audace ;
Que de Britannicus on calme le courroux ;
Que Junie à son choix puisse prendre un époux ;
Qu'ils soient libres tous deux, et que Pallas demeure ;
Que vous me permettiez de vous voir à toute heure ;
Que ce même Burrhus, qui nous vient écouter,
A votre porte, enfin, n'ose plus m'arrêter.

Je m'arrête, moi, car il faudrait écrire tout le rôle d'Agrippine pour y citer les constantes beautés du talent qu'y faisait admirer mademoiselle Raucourt.

Et dans *Rodogune*, trouvait-on dans l'actrice cette Cléopâtre, reine de Syrie, s'annonçant par cette entrée si connue :

Sermens fallacieux, salutaire contrainte,
Etc.

débarrassant son chemin au pouvoir suprême en faisant périr son époux, en enfonçant un poignard dans le sein de l'un de ses fils, et en présentant à l'autre et à la princesse à laquelle il s'unit, une coupe empoisonnée, que la révélation de ses crimes, au moment même, la force de reprendre et de vider ! Elle se tue en buvant ; elle le sait, l'horrible femme ! pourtant elle se croit plus puissante que son poison : elle le récèle, le domine d'abord ; puis, viennent la lutte, les déchiremens, les mouvemens convulsifs... Mais elle ne veut monrir que dans la fureur d'une imprécation contre le seul enfant qu'elle laisse à regret, et cette imprécation, avec sa vie, finit par ces vers dignes d'elle et de Corneille :

Et pour vous souhaiter tous les malheurs ensemble,
Puisse naître de vous un fils qui me ressemble !

J'ai vu mademoiselle Raucourt deux fois dans ce rôle, il était bien impossible que j'en perdisse le souvenir. Personne n'ignore que le cinquième acte de *Rodogune* est considéré comme une merveille de création et de génie; qu'il faut, en son honneur, ne pas se montrer rigoureux sur le surplus de l'ouvrage, et même garder pour soi, quand on a assez le goût de ces compositions pour s'en apercevoir, la réflexion que le grand Corneille s'est mis au dessus des règles devenues depuis communes, en faisant cette reine de Syrie toute horrible, et en ne laissant rien trouver en elle qui puisse adoucir la haine qu'on lui porte.

Je n'entrerai pas dans plus de détails sur mademoiselle Raucourt. Les amateurs de son époque la trouvaient parfaite dans Jocaste et dans la scène des confidences qu'elle faisait à OEdipe en recevant les siennes, et en voyant s'élever entr'eux l'inceste du fils avec la mère, secouant les dépouilles sanglantes de Laïus.

Les spectateurs n'étaient pas moins frappés de terreur par cette grande femme qui, dans *Macbeth*, allait d'une chambre à l'autre pour assassiner son fils. Mais cet effet, qui était dans la situation, n'était rien à côté de la vigueur de talent que déployait l'actrice pour faire prévaloir sa cruelle ambition sur l'horreur dont son époux était rempli, quand, arrêté devant l'énormité du crime à la consommation duquel il est poussé, il mesure l'abîme, la bouche béante, les cheveux hérissés, le front couvert de sueur, et s'écrie : « C'est de mon roi, de mon maître, de mon bienfaiteur que l'on me demande le sang... Oh ! Dieu, si toute autre main l'attaquait, son premier cri serait : à moi, Macbeth ! »

Je ne rapellerai pas mademoiselle Raucourt dans *Athalie* ; ses questions à l'enfant-roi, son songe, ses pressentimens, ses terreurs ; et j'aurais trop à dire pour compléter un simple article sur elle, si j'entreprenais de la peindre, ressemblante et telle qu'elle était, outragée, jalouse, vindicative, terrible, et enfin bourreau de ses enfans et d'elle-même dans *Médée*.

J'ai consacré bien des pages à cette grande tragédienne ; je l'ai fait parce qu'elle fut digne de cet hommage ; et j'ai dû le faire pour que l'on sût bien, plus tard, à quelle distance sont demeurées au dessous de ce talent les actrices qui sont entrées dans la même carrière après elle.

A mademoiselle Raucourt succédèrent mademoiselle Georges et mademoiselle Duchesnois.

—

Mlle GEORGES.

Mademoiselle GEORGES WEYMER, fille du directeur du théâtre d'Amiens, vers l'année 1800, était dans cette ville, jouant à quatorze ans les jeunes rôles, lorsque mademoiselle Raucourt y vint donner quelques représentations. La belle taille de Mimi-Georges, sa superbe figure intéressèrent, assure-t-on, la grande tragédienne et lui inspirèrent la résolution de la former pour le grand emploi, et de la produire comme son élève sur la scène du Théâtre-Français. Mademoiselle Georges reçut ses leçons, et, deux à trois ans après son départ d'Amiens, fit ses débuts à Paris.

Sa beauté, sa jeunesse, la firent accueillir par ce public toujours bienveillant, qui s'occupa moins de ce qu'elle était que de ce qu'elle pouvait devenir.

Pour moi, je ne me fis pas illusion : la première fois que je la vis dans *Clytem-*

nestre, je crois, je jugeai que cette belle femme n'avait reçu de la nature ni de l'éducation aucun de ces dons particuliers à l'âme qui, développés par l'étude, font acquérir une juste célébrité dans cet art.

L'organe de mademoiselle Georges était enveloppé, sourd et pesant; et pour en user, en le pliant aux situations, l'esprit qui vient à bout de tant de choses, ne lui venait pas assez en aide : au contraire on voyait tout de suite, cela me semblait du moins, que ce n'était pas de son propre fond qu'elle tirait ses intentions, mais que mécaniquement; et l'élan personnel lui manquant, elle n'était que la copie molle d'un original qu'elle avait trop peu compris.

On ne supplée pas par des cris à la chaleur vraie quand elle fait défaut.

Ces lamentations monotones ne sont supportées que dans le mélodrame; aussi mademoiselle Georges descendit-elle d'assez bonne heure de la rue de Richelieu au boulevard.

Lorsque, dans ses premières années, cette actrice paraissait dans *Phèdre*, frappant les yeux de son éclat, comme ce sacré soleil dont elle se disait descendue, on goûtait à la voir dans les deux premiers actes un plaisir auquel il fallait renoncer quand on l'entendait dans les trois autres. Il faut ajouter, pour être juste, que ces trois actes sont d'une exécution presqu'inabordable, et qu'on ne peut les lire sans se demander comment un homme a pu les faire, et comment une femme les pourra jouer. L'esprit et le cœur en sont effrayés.

Une dame châtelaine, toute charmante d'affabilité et de bon goût, me disait hier soir que, dans quelques pièces au théâtre de la Porte-Saint-Martin, mademoiselle Georges l'avait émue par des accens de vérité. Je m'empresse de consigner ce témoignage digne de foi et qui vient si à propos pour tempérer la rigueur de mon opinion qui, du reste, n'est qu'une opinion. J'ai vu mademoiselle Georges enfant; je serais peu

excusable si, sans conviction, je me mon-
trais prévenu et sévère envers une aussi
belle femme.

Mlle DUCHESNOIS.

Que mademoiselle DUCHESNOIS était loin
d'être aussi bien de figure! Ce fut grand
dommage, car pour la taille et les formes
elle avait à peu près ce qui convenait à son
emploi.

Ce fut là un talent tragique pour lequel,
dans mes entretiens d'amateur, je rompis
bien des lances.

On me disait : cette femme a eu trop à
faire pour donner noblement des ordres
après en avoir assez long-temps reçus ; on ne
passe pas ainsi de la sujétion à la royauté sans
qu'il en paraisse quelque chose ; on ne se dépouille jamais en plein des habitudes prises

pendant vingt-cinq ans ; et certains plis,
contractés à quelques pieds de terre , ne se
redressent pas au commandement pour
n'être plus une gêne pour soi et un défaut
aux yeux d'autrui quand , tout à coup , on
veut prendre son essor vers les régions les
plus élevées de la société.

Mademoiselle Duchesnois , ajoutait-on ,
est la preuve vivante de l'exactitude de ces
observations : elle manque de dignité dans
son emploi des reines et des princesses; son
action n'a pas de mesure. Quand elle s'aban-
donne à sa nature , elle est familière , parfois même populaire; sa voix est sans har-
monie , sa diction sans unité, ses mouvemens sans grâce , sa pose et ses bras au
hasard et comme il plaît à la fièvre chaude
qui l'agite. On sait , continuait-on , que
pour les fortes passions il est des tourmen-
tes pendant lesquelles les convenances sont
comme emportées par la violence ; mais on
sait aussi qu'une femme de haut rang n'a pas
la fureur aveugle et désordonnée d'une petite

bourgeoise; et que l'habitude de sa noblesse et de l'estime de soi ne s'effacent jamais, à quelque degré que soient portés l'égarement des sens et la tempête du cœur; qu'enfin la naissance et l'éducation des reines et princesses ne les rendent pas impassibles sans doute, mais les protègent du moins contre des excès de sensibilité qui les abaisseraient, et des colères roturières qui les dégraderaient.

Et moi de répondre : Doucement, Messieurs. En vous reportant à la première condition, au passé de mademoiselle Duchesnois, comme s'il appartenait au public, qui ne doit avoir de juridiction sur une artiste dramatique que du jour où elle se produit à lui, vous ne parlez pas de ces facultés innées qui percèrent, dès sa plus tendre jeunesse, l'obscurité de position que vous semblez lui reprocher. Vous ne dites pas que les personnes, dites *comme il faut*, prenaient grand plaisir à l'entendre répéter des scènes entières, et que ce fut pour répondre à une vocation déjà éprouvée et encouragée dans des salons de bonne compagnie, que mademoiselle Duchesnois embrassa la carrière théâtrale et chaussa le cothurne.

Parmi les milliers de spectateurs qu'elle attira aux représentations pendant douze à quinze ans à partir de ses débuts, en est-il un seul dont les entrailles soient restées calmes quand celles de cette tragédienne étaient profondément émues?

Qui donc, en entrant avec elle de gré ou de force dans les passions qu'elle avait à peindre dans ses rôles, ne s'est pas rendu compte que le défaut d'aplomb du corps de cette femme était l'inévitable effet de l'ébranlement qu'il recevait d'une âme de feu qui secouait violemment son enveloppe, et y jetait, par son irrésistible puissance, le désordre que les critiques reprenaient dans cette actrice?

Je ne dirai pas pour mademoiselle Duchesnois qu'un désordre souvent est un effet de l'art, non ; l'art, synonyme ici de combinaison, ne fut jamais ni son maître ni son guide : la nature l'avait faite tragédienne ; elle s'y abandonna avec une confiance téméraire peut-être ; mais, pour les organisations en sympathie avec la sienne, il était évident que dans chacun de ses rôles elle n'avait foi que dans les inspirations qui sortiraient des situations du personnage et du moment. C'est ainsi que sa diction était plus ou moins liée ; sa voix plus ou moins réglée ; ses mouvemens plus ou moins mesurés ; la délicatesse de la partie du public sensible aux grâces et à la noblesse de l'action, plus ou moins ménagée. Ces inégalités, ces écarts, ces retours brusques et passagers à l'instinct naturellement grossier de l'homme quand il est le jouet ou la proie de ses passions, n'avaient rien de blessant pour ceux qui aiment assez la vérité pour lui souffrir ses rudesses, et la dispenser de réserve et d'apprêts quand la situation n'en comportait pas.

Oh oui ! c'était bien une âme naturellement et misérablement en peine, que l'âme
de mademoiselle Duchesnois, quand elle
brûlait pour Hippolyte du feu que l'on sait ;
quand, risquant sa vie pour Bajazet, elle
découvrait qu'une autre vie était bien plus
chère à ce prince ; quand les dédains de
Pyrrhus lui faisaient mettre aux mains
d'Oreste un poignard que son désespoir
tournait contre ce malheureux amant après
son obéissance ; quand, victime de l'abandon de Thésée, tu périssais, Arianne, au
milieu de ta honte et de tes imprécations ;
lorsqu'enfin, dans *Cinna*, elle bravait Auguste ; dans les *Horaces*, Rome et son
frère ; et dans *Athalie*, la foudre du dieu de
Joad.

J'ai parlé de l'écueil des plus beaux talens, de la *Phèdre*, de Racine ; eh bien !
rappeler mademoiselle Duchesnois sans
rappeler *Phèdre* c'est chose impossible. Ce
fut une entreprise digne de sa vigueur, de
son énergie, et, si je l'osais, je dirais *de ses*

éruptions volcaniques, d'attaquer franche-
ment cette difficulté, de la vaincre et de
planter là son drapeau à la face de ses cen-
seurs et de ses partisans.

Pour moi, je me prononce hautement
sur le succès de mademoiselle Duchesnois
dans *Phèdre*. C'est peut-être la femme qui
a pénétré le plus avant dans les profon-
deurs de ce rôle ; et je déclare que je suis
sans mémoire et sans parole pour lui opposer ce que des amateurs autrement inspirés, appellent ses défauts, lorsque je me
sens reporté par le souvenir seul, à mes
émotions et exaltations de cette époque.

Ce feu créateur de grands effets devait,
par l'inexorable action du temps, s'amor-
tir et s'éteindre ; cette manière quelquefois
exorbitante, j'en conviens, assise sur la
force et l'irritabilité des nerfs, devait s'al-
languir par l'affaissement et devenir traî-
nante ; c'est ce qui est arrivé. Le public qui
n'a vu mademoiselle Duchesnois que pendant cette période de décadence, ne peut

pas partager la haute estime que je porte-
rai toujours au talent éminemment pathétique qu'elle a eu.

Dans les deux ou trois années qui ont
précédé sa retraite, quelques uns de ses
éclairs ont été aperçus dans *Jeanne d'Arc*,
quand elle déroulait prophétiquement les
destinées de la France; et on disait : «Ah!
voilà encore mademoiselle Duchesnois!»

—

Mme PARADOL.

J'avais cessé de prendre cet intérêt au
Théâtre-Français, lorsque madame PARA-
DOL, Ligier et d'autres y devinrent chefs
d'emplois. La seule remarque que j'ai pu
faire sur l'actrice que je viens de nommer,
c'est que sa beauté à la ville s'effaçait en
grande partie à la scène. Les traits de cette
aimable figure étaient trop fins; ce joli nez

ne se détachait pas assez de ce fond blanc
et rose qui avait tant de fraîcheur à la lumière du jour : il eût fallu que l'œil fût
plus grand, plus vif en couleur peut-être :
que sais-je ? c'était, à mon point de vue du
moins, une difficulté pour ce visage-là de
paraître héroïque.

Madame Paradol qui avait, jeune encore, cultivé l'art du chant, ne s'est pas assez élevée dans la tragédie pour faire uni-
versellement juger qu'elle avait bien fait
d'abandonner sa première carrière pour entrer dans celle qu'elle a parcourue sans dé-
sagrément, mais aussi sans éclat.

—

Mlle LEVERD.

Dans la comédie, à laquelle je reviens
sans transition pour ne pas perdre le temps,
mademoiselle LEVERD eut, il y a vingt ans,
un talent de premier rôle, ferme et remar-

quable : elle jetait sa parole résolument ; dans les coquettes elle ne manquait pas de cet entrain et de cette audace auxquels on reconnaît l'allure dégagée des caractères impérieux. Sa prononciation n'avait pas la netteté désirable ; son grasseyement, qui plaisait à quelques personnes, était un embarras dans sa diction.

C'était une brune piquante avec une figure ronde, fraîche, vive et expressive ; sa taille se chargea trop vite d'embonpoint, et ce fut probablement l'une des causes de la retraite que le public eût ajournée bien volontiers, car dans plusieurs de ses rôles il n'y avait pas de sujets pour la remplacer.

On a toujours prétendu que les qualités qu'elle avait pour la haute comédie auraient eu besoin d'être relevées par les manières du grand monde qu'elle n'avait pas assez.

C'était vrai pour le répertoire de mademoiselle Contat. Les modèles en ce genre avaient disparu dans la société au temps de mademoiselle Leverd ; mais il y avait encore sur le Théâtre-Français, et sous les yeux de mademoiselle Leverd de bons exemples à suivre. La distinction, le goût et la noblesse ne manquaient ni à Fleury, ni à mademoiselle Mars, ni à Armand.

On peut donc raisonnablement objecter à mademoiselle Leverd qu'elle aurait pu perfectionner davantage ses études, et qu'avec un talent réel, chaud de verve et de franchise, elle est demeurée au dessous du degré de supériorité qu'elle était appelée à atteindre.

—

SAMSON.

Quoique SAMSON, comme ceux de ses camarades qui sont encore dans ce monde, se soucie probablement fort peu de ce qu'il plaît à un amateur de penser et dire sur les artistes du Théâtre-Français, je n'en ferai pas moins mention de son talent. Sa manière a beaucoup d'analogie avec celle qui distinguait Dazincourt. Ce rapprochement n'a pu échapper aux personnes qui ont vu l'un et l'autre dans le Sosie d'*Amphytrion*, et qui virent, dans les dernières années, Samson dans *Bertrand et Raton*. C'est un jeu posé, une conversation d'intérieur, une sûreté d'action qui font oublier au spectateur qu'il est là pour son argent. Pascal a dit quelque part, en faisant l'éloge d'un ouvrage, que lorsqu'en ouvrant le livre on se proposait de faire connaissance avec un auteur, on était agréablement surpris de rencontrer un homme; on pourrait appliquer cette remarque simple et pourtant profonde à Samson, et se féliciter de trouver le personnage chez lui, quand on venait chercher un comédien au théâtre.

C'est très bien de jouer ainsi pour soi et pour sa réputation; mais, pour Messieurs les sociétaires, la sphère d'action d'un mérite de cette nature est trop circonscrite.

Pour l'emploi des comiques , il ne faut pas toujours être le **M. Pincé** , l'homme aux trois raisons du *Tambour nocturne*. La grande condition de capacité et d'utilité est d'être propre à beaucoup de rôles ; de varier pour chacun d'eux comme ils sont variés entr'eux ; et, surtout, d'être vif, leste en dehors et riche en gaîté pour en faire bonne part à tout ce monde assemblé , car il a quitté ses affaires pour venir se distraire , s'amuser , rire même , s'il y échet , chose si rare aujourd'hui !

Or , je pense que Samson n'est pas homme à changer d'humeur en changeant de rôle , et qu'il lui irait mal de passer de sa gravité naturelle à la légèreté quand il en faut , et aux allures soit vives , soit comiques , quand la situation l'exige.

On dit que cet acteur , professeur au Conservatoire , est un bon guide pour la jeunesse ; qu'il n'est étranger à aucune partie de l'art dramatique ; et que les succès obtenus par mademoiselle Rachel portent témoignage en faveur des conseils qu'il donne, et de la direction qu'il imprime aux études. Il faut donc que je complimente *Samson*, et surtout que je me garde de le fâcher, car *je suis Philistin*, et on sait ce que son arrière-grand-père a fait du mien.

—

LAFOND.

Lafond était dans ses débuts lorsque je vins à Paris vers l'année 1804 : sa haute stature, son port noble, sa tête distinguée et sa jeunesse étaient de grands avantages pour les premiers rôles tragiques qu'il venait aborder avec quelque timidité, car il n'était alors qu'une espérance pour un public accoutumé à la grande réalité, à Talma.

Cependant la féconde nature avait taillé ces deux hommes pour qu'ils s'approchassent sans se nuire, sans être rivaux l'un de l'autre. A celui-ci les passions noires, à celui-là les ardeurs chevaleresques.

Si Lafond fût entré dans la carrière un demi siècle plus tôt, son succès eût été mieux assuré et plus général. L'héroïsme français, quelque peu de cette exaltation méridionale qui était dans le goût du public, disons même dans ses mœurs, par amour pour Henri IV, peut-être, avaient pris possession de la scène. On aimait (qu'ils fussent nationaux ou étrangers) les caractères brillans, et dans ces caractères l'alliance de l'amour avec le courage, de la tendresse du cœur avec son intrépidité. On aimait à reconnaître l'homme à ses faiblesses en admirant le guerrier dans sa gloire.

Bayard, Vendôme, Tancrède, Orosmane, le Cid, Achille, Xipharès, Zamore, Arzace, Pyrrhus, Gengis même ; tous ces rôles et quelques autres encore, étaient le fond du répertoire, et ce n'était qu'à longs intervalles, et par exception, que l'on attristait l'âme du spectateur et blessait ses yeux par des drames sanglans, par *Gabrielle de Vergy* par exemple. Eh bien ! cette époque, la dernière de la chevalerie, si long-temps dominante, eût certainement ouvert à Lafond un champ large et fertile en succès.

Lafond parut sans doute avec éclat dans plusieurs de ces personnages : on se le rappelle particulièrement dans Achille, dans le Cid et dans Orosmane ; mais c'était Lafond qui plaisait ; ce n'était plus les ouvrages dans lesquels il jouait : il avait donc un désavantage marqué, inévitable auprès du tragédien qui, indépendamment de son immense talent, ne paraissait que dans des pièces en faveur auprès d'un public, devenu avide d'émotions, que, quarante ans avant, il n'aurait pas supportées.

Lafond, l'un des plus sincères admirateurs de Talma, se soutint cependant parce qu'il avait des moyens, de la chaleur et de la franchise dans son action. D'ailleurs, comme homme et comme père de famille, il était honoré de beaucoup d'estime. La bienveillance du public fait rarement défaut sur la scène à l'artiste, assez considéré chez lui, pour qu'on lui souhaite les succès qu'il obtient.

J'ai entendu parfois reprocher à Lafond de la raideur, de l'emphase; on disait même de l'infatuation, comme s'il se complaisait orgueilleusement dans lui-même.

Les hommes qui voyaient ainsi, ne voyaient pas juste.

Lafond, quand il commença ses études, avait l'accent de son pays d'origine, l'accent méridional, le moins corrigible des accens, parce qu'il est chantant et que l'oreille une fois faite à une cadence quelconque, c'est une affaire que de la faire renoncer à cette petite musique devenue l'accompagnement inséparable des paroles.

C'est, je crois, à parler comme on parle à Paris, que Lafond a travaillé bien des années; c'est contre ces réminiscences *bordelaises* qu'il s'est tenu en garde toute sa vie; qu'il s'est surveillé chez lui, dans le monde, sur la scène; obligé de prononcer le mot *fortement* pour qu'il se produisît purifié du péché originel. Cette application a pour ainsi dire poussé l'acteur vers la frontière de l'afféterie. C'est probablement ainsi qu'il est arrivé à quelques personnes de confondre une lutte difficile avec une prétention ridicule, et de dire de cet homme de sens et d'esprit, qu'il était gourmé et faisait étalage de son mérite. C'est ainsi que j'ai vu Lafond, et je n'entends nullement me porter garant de l'infaillibilité de mon coup d'œil.

Il y a maintenant des talens bien inférieurs, hélas! qui ne sont pas mécontens d'eux-mêmes; et certes, si tout ce que je me permets d'écrire sur l'empire de Melpomène, me valait un jour quelque crédit à sa cour, le premier usage que j'en ferais serait de la prier de jeter ses inspirations dans une âme d'homme, pour qu'un sujet comme Lafond vînt remplir au Théâtre-Français le vide que sa retraite y a laissé.

Il est temps de m'occuper du couronnement de mon faible édifice, en faisant à ma manière le portrait en pied de mademoiselle Mars et de Talma. C'est me donner patente pour peindre l'histoire, car ces deux noms se sont faits assez grands dans leur art pour passer à la postérité.

—

Mlle MARS.

Mademoiselle MARS, dont la retraite a eu lieu au mois d'avril 1841, a été pendant quarante ans l'actrice la plus parfaite qui ait paru sur le Théâtre-Français. Je ne crains pas d'embrasser le passé tout entier dans mon jugement, et pour cette actrice seule, seule, je me permets cette assurance et cette tranchante affirmation. Quel autre acteur fut sans défaut quelconque? Quel défaut eut mademoiselle Mars, pen-

dant cette période de succès et de supériorité?

Sa taille était justement ce qu'elle devait
être pour son emploi soit d'ingénuité, soit
de jeune première, soit de jeune femme, soit
de jeune veuve. Pour les grandes coquettes
seulement, l'ampleur manquait au corps et
aux moyens; et pour que les amateurs se
confirmassent dans cette opinion, il a suffi
que leur favorite essayât, après mademoiselle Contat, quelques uns de ses grands
rôles; et encore convenaient-ils que dans la
Célimène du *Misanthrope*, son talent était
si plein et si complet, surtout dans sa scène
avec Arsinoé, que par autre personne au
monde le rôle n'aurait pu être mieux joué.

La tête de mademoiselle Mars, qui n'eût
pas été moins bien sur le col d'une femme
plus grande, recevait une singulière lumière de l'éclat de son grand œil et de la
blancheur des dents qui ornaient une bouche bien conformée, ni grande, ce qui
eût été fâcheux, ni petite, ce qui eût été

un inconvénient, car rien ne nuit à l'expression de la physionomie comme une bouche en bouton, quand tout le reste du visage est richement épanoui. Or, mademoiselle Mars a le front, les yeux, le nez et les joues dans les proportions d'un dessin large et régulier.

On sait quelle grâce a toujours accompagné ses mouvemens, ses poses, toute son action, et que cette grâce était d'autant plus légère et fine que son charme se répandait purement et naturellement, comme l'eau limpide sort de sa source, s'écoule sans guide et s'épanche sans bruit.

Mais le don de nature par excellence qui communiqua une valeur inexprimable à tous les autres dons accordés à mademoiselle Mars, ce fut sa voix, ce fut son organe enchanteur. Cet organe était, est encore plein, doux, flexible, harmonieux. De là d'abord cette prononciation si chère au public. Cet instrument a rendu d'immenses services à l'actrice elle-même : celle-ci s'est

montrée envers lui sensible et reconnais-
sante, car elle le ménage et le caresse pour
ainsi dire, en en usant avec une discrétion
admirable ; ne se forçant jamais, jamais,
même sous le feu des passions, et n'en attendant que ce qu'il peut produire sans se
nuire et même se fatiguer. Dans cet organe,
mademoiselle Mars trouve de l'âme pour
émouvoir parce qu'il a de l'accent qui
est une puissance ; elle y trouve de la fer-
meté et de la précision quand elle en a besoin ; de la candeur et de la naïveté parce
qu'il est frais, jeune et doux, et cependant
elle en tire aussi le trait et la blessure qu'il
fait, quand il s'agit de se défendre d'une attaque et de renvoyer vertement à l'ennemi
l'injure qu'elle en reçoit. Demandez-le à
Arsinoé.

C'est à cet organe, à l'emploi de ses sons
et inflexions ; c'est à la liaison intime de
la voix avec les intentions que mademoiselle Mars doit cette diction, qui est aussi
juste et aussi suave que le chant de ma-

dame Cinti-Damoreau. Mais ces intentions elles-mêmes viennent de quelque part, et c'est par elles que se révèlent son intelligence dramatique, son aptitude à saisir le rôle et tout ce qu'il y a dans le rôle ; son tact pour être dans les situations au degré de leur température, si je puis parler ainsi, ni en deçà, ni au delà ; et encore le goût exquis qui lui fait éviter soit les saillies, soit les écarts d'une imagination mal disciplinée, et règle son action selon les convenances de position et d'éducation du personnage qu'elle représente. C'est ainsi qu'elle charmait dans les ingénuités par son innocence, dans les amoureuses par sa décence, et dans les jeunes femmes par sa délicatesse dans le sentiment et sa pudique mesure dans les manières.

A ce dernier égard il est encore temps d'aller admirer mademoiselle Mars dans la comédie du *Tartufe*.

Certes Molière a été loin, même pour son temps, quand il a placé madame Orgon dans la situation que l'on sait, sous les yeux du public. Qui ne l'éprouve à la représentation? Il est vrai que madame Orgon se prête à un stratagême; que le piége tendu à Tartufe a été concerté avec Orgon; que celui-ci est là, et que s'il ne voit, il entend; mais ce qui n'est pas moins vrai, c'est que par la scène entière, l'honnêteté de la femme est assez tourmentée, et la dignité de l'épouse assez abaissée pour qu'une mère ne puisse aller, accompagnée de sa fille, à un pareil spectacle. Quelles que soient les libertés du jour, il y a gêne et malaise dans le public, et lorsque Tartufe va prendre ses sûretés en explorant les dehors de l'appartement, il est peu de spectatrices qui ne songent pas à se réfugier sous l'éventail.

Le rôle est donc une difficulté réelle et mademoiselle Mars ne l'ignorait pas, puisqu'elle appelait à son aide toutes les ressources de son talent. Elle ne négligeait rien pour sa défense : elle marquait sa répugnance pour l'emploi du moyen; la résolu-

tion étant acceptée par elle comme une
dure nécessité, on voyait tout l'embarras
qu'elle lui causait ; elle se montrait violen-
tée et humiliée. Le moment arrivait pour
elle, d'être *seule volontairement* avec le
pervers qu'elle évitait avant si chastement :
elle était là, la pauvre dame ! pour redonner
confiance à une convoitise que l'impétuo-
sité de son beau-fils avait déconcertée. C'é-
tait dans ses mains qu'était remis le soin de
substituer l'amorce au dédain et de conduire
perfidement le traître à sa perte..... Quelle
besogne pour une femme à qui l'honneur
et la bonne foi sont chers ! Mademoiselle Mars exprimait son embarras et son
dégoût de mille manières différentes ; et
puis, quand arrivait l'audace qu'elle avait
encourue, et le risque imminent de sa personne après l'abandon simulé de sa vertu,
son tourment était dans sa voix, sa détresse
dans ses regards vers la table au tapis vert ;
et sur son front pâle de frayeur, on voyait
monter la rougeur de la colère, parce qu'Or-

gon ne sonnait mot, quelque chose qu'il entendît ; et aussi les chaleurs de l'indignation, parce qu'il était affreux pour elle qu'un mari demeurât tapi et immobile tandis qu'il était tenu au courant, seconde par seconde, du danger que son incurable prévention pour un misérable faisait courir à sa femme.

Qu'elle était amère, mademoiselle Mars, au moment où Orgon, se montrant enfin, elle lui disait, les lèvres frémissantes :

Quoi ! vous sortez si tôt ! Vous vous moquez des gens :
Rentrez sous le tapis, il n'est pas encor tems.
Attendez jusqu'au bout, pour voir les choses sûres,
Et ne vous fiez pas aux simples conjectures.

Je ferais une folie si je me donnais là tâche de rappeler notre charmante artiste dans tous ses rôles. Qui ne la sait par cœur dans Suzanne *du Mariage de Figaro*, où elle péchait par plus de décence que n'en comportait l'ouvrage ; dans *l'Épreuve Nouvelle*, je crois ; dans *les Fausses Confidences*, *la Feinte par Amour*, *les Fausses Infidélités*, *le Jeu de l'Amour et du Hasard*, *le Legs*, *la Gageure Imprévue*, etc.; et au nouveau répertoire, *la Jeunesse de Henri V*, *l'École des Vieillards*, *Valérie*, *le Bal Masqué*, et plusieurs autres dont les destinées lui ont été si heureusement confiées!

Mais pour moi qui puis, par cette longue chaîne de brillans succès, remonter jusques aux premiers anneaux qui datent de sa jeunesse et de la mienne, je demanderai à mademoiselle Mars si elle se souvient d'elle-même, dans *le Bourru Bienfaisant*, scène VIII du premier acte : « Approchez. — Monsieur. — Comment voulez-vous que je vous entende si vous êtes à une lieue de moi. — Excusez, Monsieur. — Qu'avez-vous à me dire ? — Marton ne vous a-t-elle pas dit quelque chose ? — Venez ici : ne voudriez-vous pas vous marier ? — Monsieur. — Oui ou non. — Si vous vouliez... — Oui ou non ? — Mais... oui. » Comme tout cela était bien tremblé, bien simple, et dans la nature d'une bonne petite fille !

Et dans le drame du *Philosophe sans le savoir*, ne suivait-on pas cette pièce de Sedaine pour Victorine, pour la fille d'Antoine, pour mademoiselle Mars toute seule? Quelle scène pour elle et pour ses enfantillages où, sans qu'elle s'en doutât, son cœur était intéressé, quand Vanderck fils lui confiait sa montre à répétition, enrichie de diamans, vraiment! pour vingt-quatre heures, mais sous la condition qu'elle ne la rendrait qu'à lui!

La chère petite n'entendait rien à cela, car le fils de la maison, en lui donnant ce témoignage de confiance ou plutôt de tendre affection, ne la mettait pas dans le secret d'une absence qu'un duel rendait nécessaire, et rendrait peut-être éternelle.

Mais arrive le moment où Victorine a l'oreille frappée de ces mots échappés à son père : «Mort! mort!—Mort! s'écrie-t-elle, eh! qui donc? qui donc?—Que voulez-vous, Victorine? dit M. Vanderck père. — Monsieur, on va servir. — Faites, Victorine, que madame ne s'aperçoive pas de mon absence, je serai peut-être... Mais vous pleurez.—Mort!—Et qui donc?—Monsieur votre fils?—Victorine!—J'y vais, Monsieur. Non, je ne pleurerai pas, je ne pleurerai pas... »

Pauvre enfant, quelle était sa souffrance, et quelle était son obéissance! Je n'ai jamais vu rien de plus pathétique que cette huitième scène du dernier acte. Pas un cri pour cela, pas un geste; c'était quelques mots brisés par la douleur dans la bouche d'une ingénue. C'était peu de chose, c'était deux minutes, un éclair traversant un nuage pendant un orage de famille. « Je ne pleurerai pas, je ne pleurerai pas... » Mais, mon Dieu, c'était cent fois plus déchirant que des pleurs, cette promesse poignante de n'en pas verser. Au reste, le public n'entrait pour rien dans cet engagement, car tous les visages étaient baignés de larmes.

La belle chose qu'un aussi beau talent! J'écris ces lignes le 15 novembre 1840, et

hier 14, je voyais mademoiselle Mars pour
la dernière fois peut-être, dans *le Misanthrope* et dans *la Gageure Imprévue*. Célimène était couverte de diamans de la tête
aux pieds ; ce ne fut pas l'habit qui jeta le
plus d'éclat ; dans la *Gageure*, elle me parut
ce qu'elle y fut toujours, actrice accomplie.
Il y eut bien du mérite en elle, car pour ces
mille riens que le bon goût et les belles manières font valoir, elle avait, trente ans plus
tôt, l'aide d'un accord et d'un ensemble de
talens qui, n'en déplaise à qui que ce soit,
lui font défaut aujourd'hui. J'étais placé à
l'orchestre, entre deux messieurs de fort
bonne mine. L'un me disait qu'il arrivait de
Suisse, pour n'y pas mourir sans avoir vu mademoiselle Mars ; l'autre, qu'il était temps,
car, née en 1778, mademoiselle Mars, à
l'heure qu'il est, a plus de soixante-deux
ans.

Eh bien ! que les jeunes actrices n'ou-
blient pas que c'était en parlant comme on
parle dans un salon, que mademoiselle Mars

produisait ces effets. Jamais de déclamation, de cris, d'efforts, d'affectation : la nature, soignée dans ses œuvres sans doute, mais toujours la nature, c'est à dire le premier et le dernier terme de l'art de l'imitation.

Il faudrait plus de science et une autre plume pour rendre à mademoiselle Mars une complète justice. Mon article servira-t-il à quelque chose? plus tard, peut-être.... Mais, pour le monde d'aujourd'hui, je ne dis que ce qu'il sait comme moi, si ce n'est mieux que moi.

—

TALMA.

Pendant les vingt dernières années de sa vie d'acteur, TALMA a été l'objet de l'admiration des nationaux et des étrangers. Il y a maintenant un bien petit nombre d'amateurs qui puissent, comme moi, remonter par leurs souvenirs aux débuts de Talma.

La première fois que je le vis, il y a de cela près de cinquante ans, il jouait le jeune rôle de Gusman dans *Alzire*, et, si ma mémoire me sert bien, c'était Gramont de Rozelli qui était chargé du personnage de Zamore. La voix sourde de Talma se traînait assez pesamment alors ; il était déclamateur à la manière de cette époque, et surtout monotone dans les longues tirades; son organe avait besoin d'être allégé et assoupli par l'exercice incessant qu'il lui opposa comme le moyen de le réduire à une docilité qui ne lui était pas naturelle. Je remarquai dès-lors que tandis que le péruvien Zamore était ridiculement empanaché, Talma portait avec goût un habit espagnol riche, mais simple et favorable à sa taille moyenne. Je remarquai aussi que la voix de Gusman, qui m'avait fatigué pendant les fureurs de sa jalousie, m'avait flatté l'oreille et touché le cœur, lorsque, frappé par Zamore

et excité à la vengeance, ou plutôt à faire justice, car il était gouverneur, ce prince tournait son regard mourant vers la clémence,
et offrait avec douceur à son assassin le par-
don du chrétien.

J'ai dit alors que ce jeune homme était
tout-à-fait dans le vrai quand il se bornait à
parler; qu'il apercevrait cet effet là, et que
le jour n'était pas éloigné où il parlerait
comme le fait un roi dans son palais ou un
général dans son camp, et laisserait là la
dépouille du comédien s'éloignant de la
nature pour enfler ses poumons sur un
théâtre.

Je revis Talma à quelque temps de là,
c'était au mois de janvier 1795. De l'armée
du Nord je me rendais à Rennes avec le général dont j'étais l'aide-de-camp. Passant
quelques jours à Paris, j'allai au spectacle,
et c'était le *Timoléon* de Chénier que l'on
jouait. Je me tromperais sur le titre si dans
Timoléon il n'y a pas une délibération, car
ce fut dans une scène de ce genre que

Talma, parlant à son tour, fixa mon attention et me surprit par l'étrangeté de sa manière; c'était comme une protestation brusque et heurtée contre l'affectation des *préopinans*; et quant à la question controversée, sa discussion fut vive, libre et évidemment républicaine. Lorsque cet acteur se fut assis après s'être rapidement drapé, je demandai à un militaire qui était près de moi : « Citoyen, quel est cet acteur? — Comment, » me répondit-il en haussant l'épaule, « tu ne le connais pas? c'est Talma... Qui veux-tu donc que ce soit?.... » Oh! c'était du progrès déjà, et j'emportai de Paris, en m'en éloignant le lendemain, la conviction qu'il y avait tout un grand avenir dans la boutade que je venais d'entendre.

Deux ans plus tard, l'estime du public avait grandi avec le talent de l'acteur; il avait tenu les promesses de *Charles IX!*

Dans cette tragédie, Talma avait révélé pour la première fois le don tout particulier

qu'il avait reçu de la nature, de reproduire
avec une étonnante vérité les caractères
faibles et irrésolus qui font le bien ou le mal
selon l'impulsion qui leur est donnée. Tel
était bien dans cette pièce le fils de Henri II,
nourri par sa mère dans la crainte des pro-
testans, et familiarisé par le cardinal de
Lorraine avec la pensée que s'il n'abattait
d'un seul coup les ennemis de sa religion,
sa foi, tout l'État, sa famille et lui-même
périraient par eux; le jeune roi croit à la
réalité et à l'imminence du danger, mais
l'horreur du moyen d'y échapper le retient
sur le bord de l'abîme. C'est dans ce combat que Talma, heurté de çà et de là par
des émotions contraires, les faisait si intime-
ment partager par le public, qu'objet misérable de la haine du spectateur, mais aussi
de sa pitié, il mourait dans la tragédie,
comme dans l'histoire, en expiation d'une
cruauté qui n'avait pas été évidemment la
sienne. Il fallait, comme je l'ai dit, un talent tout particulier pour exciter ces mou-

vemens divers, et ce talent était extraordinaire dans Talma.

C'est au même point de vue qu'il était admiré dans *Macbeth* et dans *Manlius-Capitolinus*.

Dans le premier de ces drames, l'amour du pouvoir, l'espérance de régner sont inspirés à Macbeth par son ambitieuse épouse.

On voyait l'acteur fléchir progressivement sous la main forte qui pesait sur sa faiblesse. Cependant il se haïssait parce qu'il était ingrat, avide d'un reste de sang royal, lui sujet! Sa femme, le menaçant, le pousse au crime; la victime, lui souriant sous son propre toit, ce jour, comme la veille, comme toujours, l'arrête, et il lui semble qu'une main défaillante cherche la sienne pour en faire tomber un poignard... Cette lutte entière et ses divers accidens étaient en action sur la figure de Talma : les alternatives du combat s'y démêlaient sans peine et sans qu'il dît un mot; seulement pendant l'attention qu'il prêtait à

Frédégonde, sa contention d'esprit était si forte, ses nerfs si tendus, et sa puissance physique si évidemment excédée par l'épreuve à laquelle son triste cœur était soumis, que son cou était gonflé, ses yeux pleins de sang, et que la sueur inondait son visage.

Dans Manlius, c'était encore de la faiblesse, mais une autre faiblesse, celle de l'amitié.

Talma, bien moins accablé par les reproches de Rutile, encore qu'il se fût envers lui porté le garant de Servilius, que par l'ignominie encourue par l'objet de sa tendre affection, entrait en scène, au quatrième acte, dans un état déplorable : tout son corps était affaissé sous le poids de cette simple lettre dont il était *armé* ; arrivé péniblement à peu de distance de Servilius, les yeux baissés vers cette terre qui les porte encore l'un et l'autre, il lui tend la main qui tient la preuve, et lui dit :

Lis :

l'observe en frémissant, et lui dit encore :

Qu'en dis-tu?

Il n'était pas un cœur de spectateur que les traits de l'acteur ne perçassent ; mais ce qui pouvait échapper à quelques uns ; ce qui, pour d'autres, comme pour moi, était le sublime de ce peintre des cœurs faibles et subjugués, c'était le mouvement machinal de Manlius vers son ami d'hier ; cette prière, *hautaine* sur les lèvres, mais *suppliante* dans les regards, qu'il lui adressait d'essayer une justification quelconque ; cette main caressante qu'il portait d'abord sur ses vêtemens, après sur son bras, enfin sur sa poitrine, comme s'il voulait s'assurer que le cœur du malheureux battait autant que son propre cœur gémissait pour leur ancienne et impérissable amitié. Que cela était beau !

C'était dans ces admirables momens que Talma déployait ce talent qui, dans cette partie de son art, en a fait l'acteur le

plus complet et le plus vrai que l'on ait jamais vu.

Les personnes qu'il a attachées à ses représentations ont sans doute remarqué que
si le langage de l'amour était une difficulté
pour lui, rien ne lui était naturel, doux et
facile comme celui de l'amitié. Je viens de
citer Manlius, mais qui ne se souvient d'O-
reste près de Pilade, d'Horace pour ses frères, du Grand-Maître au milieu de ses templiers ?

Dans Talma, l'héroïsme proprement dit
manquait de l'élan et de l'éclat qui lui sont
propres. Les hommes au coup d'œil juste
ont aperçu cela quand il joua l'*Achille* de
Racine et *le Cid* de Corneille. La franchise
chevaleresque n'était pas plus favorable à
ses moyens, surtout quand la vaillance pro-
tégeait une femme adorée. Cette insouciance pour sa propre vie avec cet attachement à l'existence d'une amante ; ce gai
courage avec cette tendresse et ces lan-
gueurs ; enfin cette devise : « Tout hon-

neur et tout amour ; » tout cela n'était qu'illusion pour cet acteur, né avec la révolution française, aguerri aux réalités de ce temps, et avide d'éprouver et de transmettre sur la scène les émotions qui avaient assailli son âme de vingt ans. C'était pour Shakespeare, pour Ducis, pour Crébillon, que Talma était appelé. Il se jugea, retrancha successivement de son répertoire les deux héros déjà nommés, Bayard, Vendôme, Tancrède, Orosmane et aussi le Mahomet de Voltaire, l'un des grands rôles de Lekain, encore que ce personnage fût composé dans des conditions qui parussent convenir à Talma.

Les tragédies qu'il faut nommer à sa gloire sont : *Britannicus*, *Épicharis et Néron*, *Agamemnon*, *Andromaque*, *les Horaces*, *Nicomède*, *Cinna*, *Venceslas*, *la Mort d'Abel*, *les Templiers*, *Athalie*, *Radamiste et Zénobie*, *Hamlet*, *Othello*, *Macbeth*, *Coriolan*, *Manlius*, et, pour l'honneur de ses dernières années , *Sylla* , *Léonidas* et *Charles VI*.

Loin de moi la vaine prétention de réveiller les sentimens excités par Talma dans tant de rôles divers. Je hasarde beaucoup en me permettant de parler encore de quelques uns de ses succès.

Quelques personnes , et parmi elles Napoléon, ont pensé que Talma était trop impératif lors de son entrée en scène dans la tragédie de *Britannicus* , donnant pour raison qu'à cette première époque de son règne , Néron dissimulait encore ; mais d'autres personnes , et je suis de celles-ci , ont trouvé cet emportement naturel dans Néron , même alors, parce qu'il est jeune , parce qu'il a le despotisme au cœur , parce qu'il est amoureux , parce qu'il est jaloux , parce qu'il est irrité et poussé à bout par les prétentions de sa mère et ses intelligences avec Pallas ; parce qu'il est dans la nature qu'un caractère violent éclate et que la passion rompe les digues de la prudence

lorsque tant de causes impulsives y concou-
rent à la fois.

Du reste, le rôle entier était supérieure-
ment joué, et l'on attendra long-temps un
acteur qui sache écouter Agrippine comme
l'écoutait Talma; qui secoue le joug de la
contrainte aussi âprement qu'il le faisait
dans ses scènes avec Burrhus; qui écrase
Britannicus d'autant de jalousie dans leur
querelle pour Junie, et dans le fameux

Souhaitez-la... C'est tout ce que je vous puis dire,

et qui s'empare avec une joie aussi horrible du poison qui lui est préparé par Narcisse dans ses affreux conseils.

Dans Oreste, soit en Tauride, soit en
Epire, Talma était la personnification du
malheur inévitable, de la fatalité des an-
ciens au plus haut degré. Comme son sort
déplorable était écrit dans tous ses traits,
lorsque, dans la première de ces tragédies,
il faisait son entrée, essayant de se fuir et

agitant les chaînes dont il était chargé !
Comme, dans *Andromaque*, il glaçait le
public d'effroi, lorsque, repoussé par Her-
mione pour le meurtre qu'elle vient de lui
faire commettre, il devient fou de surprise,
cherche à s'affermir sur le sol qui tremble
sous ses pieds, s'affaisse sous lui-même parce que le coup est trop imprévu, trop rude
pour ses forces, et, dans cette attitude que
je ne sais comment peindre, il laisse tomber une à une ces paroles :

> Quoi ! ne m'avez-vous pas
> Vous-même, ici... tantôt... ordonné son trépas ?

Talma n'était-il pas *déchirant* quand il
déchirait ces vers :

> Et quand je l'ai servie,
> Elle me redemande et son sang et sa vie ?

N'était-il pas effrayant comme un être
maudit, quand il disait au ciel qu'il lui rendait grâce de sa persévérance ; comme un

spectre lorsque , descendant aux enfers , il s'écriait :

    . . . . Eh quoi! Pyrrhus, je te rencontre encore :
Trouverai-je partout un rival que j'abhorre....

Quel désespoir dans ce *partout !* et dans quel état étaient ses nerfs (et les miens) après cette scène, dite des Fureurs d'Oreste!

Tous ces grands effets dans ces diverses pièces, auxquelles j'ajouterai Hamlet et Rhadamiste, où Talma était à la même hauteur, (qui ne frémit encore en se rappelant le cinquième acte d'*Hamlet*?) ce tragédien les avait produits dans la verdeur et la virilité de son talent ; mais plus tard, et dans sa maturité , il se montra supérieur à lui-même par une espèce de transformation qui n'échappa point au public, que ce grand acteur éclaira lui-même sur les progrès dont son art était susceptible , progrès dont la marche ascendante s'est appuyée sur une énergie inépuisable pour arriver à une simplicité inimitable. *C'était* , pour parler à la manière de Pascal, *tenir les deux bouts et remplir tout l'intervalle de l'un à l'autre.*

Talma, je l'ai vu, a essayé son œuvre de progrès dans les rôles qui étaient de l'emploi des pères nobles : Auguste de *Cinna*, le Grand-Maître des *Templiers*, Joad dans *Athalie*. Cette œuvre, ainsi essayée d'abord, a été atteinte dans *Sylla*, et surtout dans *Charles VI*; et il a été écrit quelque part, qu'au jugement porté par Talma, peu de temps avant sa mort, il lui eût fallu quelques années encore pour la perfection qu'il désirait, parce que, disait-il, le fruit recueilli de ses dernières études vers son but, lui avait donné la confiance de ce qu'il lui était possible d'acquérir encore.

A son génie seul pouvait apparaître une conquête à faire !

Dans le rôle de Jacques de Molai, il restait, au sein de l'orage, maître de la position qui lui était faite; défendant son ordre contre Philippe, avec calme et noblesse; protégeant ses chevaliers sans qu'il parût que

le danger fût pour lui comme pour eux ;
faisant tête au pouvoir qui est conseillé de
les écraser tous ; résistant à ce qu'il appelle
une oppression, mais ne bravant pas ses ennemis ; ne prétendant se montrer supérieur
qu'à la crainte du supplice ; tendre pour
Marigny, affectueux pour tous ses autres
camarades, fier de les commander encore
en marchant à la mort, simple pendant
toute l'action, sublime par cette simplicité.

Dans *Joad*, l'acteur rayonnait des élans
divins qu'il puisait dans sa foi et dans sa
mission.

Lorsque Dieu, par la bouche du grand-
prêtre, annonçait *sa volonté sainte*, tout le
corps de l'acteur tremblait, et à cette agitation universelle on voyait que ses forces
ne suffisaient pas pour recevoir, sans ébranlement, l'inspiration qui le remplissait de
courage et de reconnaissance. Discrétion et
bonté pour Abner, mépris et réprobation
pour Mathan, résistance aux ordres d'A-
thalie, et résolution de la combattre au be-

soin ; ses lévites, sa famille, sa vie à son roi,
sa religion et son Dieu : tout cela était dans
le magnifique caractère de Joad, et tout
Joad était dans Talma, dans sa force, dans
sa vérité. Ce rôle, par cela même que l'auteur doit le rendre comme il plaît au Dieu
qui l'inspire, n'avait pas été calculé par
Talma ; il avait renoncé, disait-il, à convenir de son exécution avec lui-même ;
aussi, à chaque représentation, je l'atteste,
car j'en ai vu trois, c'était une autre œuvre,
des effets inattendus, et des applaudissemens enlevés par des éclairs de génie,
frappant, pour la première fois, l'œil, l'o-
reille et le cœur ; c'était encore saisissant,
mais autrement que la veille.

Que dirai-je de *Sylla* et de *Charles VI* ?
ou plutôt qui croira que moi, habitant de
de Paris, et avide, comme on le sait maintenant, de ce genre de jouissance, je n'ai
vu ni l'une ni l'autre de ces tragédies !
Pour *Charles VI*, j'attendais, j'attendais, je
croyais avoir du temps devant moi, et ne

m'imaginais pas qu'avec autant de génie on pût être malade et mourir comme un autre homme.

Voici donc, ne sachant rien autre chose, ce qu'il y a trois mois (août 1840) racontait madame Paradol, sur la dernière représentation de *Charles VI* par Talma. «Cet acteur venait de perdre une personne à laquelle il était fort attaché; il se trouvait donc, en jouant Charles VI, disposé à l'attendrissement : blessure nouvelle saigne aisément. Au moment où un accès de sa folie saisissant ce malheureux roi, il demande ses enfans, le cœur et la voix de Talma se brisèrent de telle sorte, que la raison des spectateurs ne put tenir ferme en présence des égaremens de la sienne. Les personnes en scène avec lui se trouvèrent incapables de mouvement, de se rappeler quoi que ce soit, de dire un mot. Nous nous regardâmes, disait madame Paradol, nous ne vîmes que des larmes dans nos yeux; et pensant que le public était aussi peu en

état de nous entendre que nous l'étions de
parler devant lui, nous le saluâmes en silence et nous retirâmes de même. » Quelle
couronne sur le front du grand acteur, lui
eût valu ce respect du silence ?

Avant de terminer cet article, trop long
peut-être, je dois dire pour les lecteurs qui
n'ont pas vu Talma, que cet acteur était
d'une taille moyenne, que ses membres
étaient bien attachés, sa tête belle, héroïque et étonnamment tragique ; qu'il y avait
dans ses yeux, *à vue courte*, je ne sais quel
vague qui ajoutait au désordre de ses traits
quand la passion les altérait. Ses poses
étaient remarquables, ses jambes un peu
arquées et son pied assis en dedans ; ses
gestes étaient courts, rares, jamais inuti-
les, et il y avait un inexprimable langage
dans le jeu des lèvres et de la bouche.

Il faut savoir aussi que ce fut Talma qui
introduisit la vérité historique des vêtemens,
qu'ils favorisassent ou non sa taille ou sa figure, et qu'enfin de tout ce que je viens de

dire sur cet artiste , dont le nom restera au théâtre, comme le nom de Lekain, c'est que sa vie entière fut une démonstration en action de l'excellence du talent quand il a pour but la vérité , et pour objet d'étude et de perfection , la nature.

Quelques mots seulement sur mademoiselle Rachel.

—

Mlle RACHEL.

Cette jeune personne , dès ses débuts , a passé par bien des examens : celui des salons, où il n'y a ni espace, ni air libre pour le déploiement des ailes d'un véritable génie tragique ; celui des journaux, où l'opinion des rédacteurs se précipite à Paris avec une vitesse incroyable , et s'empare du terrain long-temps avant que le jugement, dont la marche est lente et mesurée, y puisse arriver. Cette opinion, enfant des premières impressions, est exposée au mélange de ces intérêts de patronage de famille, et quelquefois de coteries qui grossissent l'objet et étourdissent l'esprit sur l'exactitude de ses proportions. Le jugement plus libre procède, par rectification de compte, par redressement d'erreurs, et fait petit à petit descendre l'imagination au niveau du bon sens. Le danger ordinaire de cette action qui s'élance au delà de ce qui est, et de cette réaction qui ramène brusquement en deçà; ce danger est que le vrai point du talent en discussion n'est pas saisi, et que dès lors il n'y a justice ni dans ceux qui exaltent le mérite qui se produit, ni dans ceux qui l'abaissent précisément parce qu'il a été exalté.

Mademoiselle Rachel a dû faire sensation sur le théâtre de la rue de Richelieu, et cela pour plusieurs raisons. D'abord, son apparition y a été à peu près soudaine, et

peu de personnes, sachant d'où elle venait,
ont trouvé plaisir à la croire tombée des
nues avec la mission de relever la partie
de l'art dramatique qui était la plus languis-
sante, et de ranimer la gloire presqu'éteinte
des grands auteurs tragiques, en venant
parler leur langue d'une manière digne
d'eux.

C'était une jeune fille, une *Esther* destinée à tirer de l'obscurité une génération
d'artistes qui semblaient laisser tomber le cothurne, n'avoir plus la tête à la hauteur con-
venable pour porter la couronne, la main
assez ferme pour s'armer du poignard.

La haute poésie attendait sa libératrice :
pour les caractères antiques il fallait une
expression fidèle; pour les fortes passions
une âme; pour la noblesse un front, un regard et des poses; pour toutes les situations, des moyens, des ressources, la *puissance* enfin.

Se pourrait-il, disait-on, qu'il y eût de
tout cela dans la débutante ?

Mademoiselle Rachel parla et ne déclama pas. Ne faire que parler à vingt ans; en être là dès les premiers pas, mais c'est chose nouvelle! L'actrice joua plusieurs rôles : diction juste, prononciation nette, action réglée, intelligence partout, et, ce qui parut étonnant, rien au hasard, rien de risqué, jamais d'écart. Comment! la conduite générale que l'actrice s'est tracée chez elle pour l'exécution du rôle entier, n'est dérangée par quoi que ce soit à la scène! Elle se produit donc à vingt ans, hâtivement, avant le temps, indépendante des émotions soudaines de la verte jeunesse, et, en quelque sorte, mûre en naissant?

Eh bien! qu'en pensent les juges de cet art? qu'en pense le public?

Le public a adopté mademoiselle Rachel : son empressement pour la voir et l'entendre le lui a bien prouvé. Ce ne fut pas une fantaisie du moment; cette jeune actrice est toujours suivie et applaudie.

Peut-être ceux de ses partisans qui ont

rendu compte dans les journaux de leur estime pour ce talent, auraient-ils mieux fait,
s'ils eussent été raisonnables dans leurs
éloges autant que leur héroïne est modé-
rée dans son jeu. Ce n'est pas atteindre le
but que de le passer quand on veut louer
les gens, et l'enthousiasme descend à l'en-
gouement lorsqu'il ne trouve pas sa justification dans l'entraînement produit par les
qualités enivrantes du sujet que l'on en-
cense : or, dans ce qui distingue mademoiselle Rachel il n'y a rien, selon nous, qui
doive précipiter le pouls et donner la fièvre
à ses adorateurs. Voilà pour le public et les
feuilletons.

Quant aux juges de l'art, voici, je crois,
leur sentiment. Pour l'emploi des grandes
princesses on a toujours désiré une taille
élevée, un port noble, une figure belle ou au
moins expressive ; une voix pleine et sonore, montant avec la passion quand elle
s'élève, s'amollissant quand celle-ci fléchit,
et se mouillant, pour ainsi dire, lorsque les

larmes viennent à couler. On aime à voir de beaux bras s'arrondir pour la partie de l'action qu'on appelle le geste, une courbure naturelle du corps, et je ne sais quoi d'insaisissable dans le mouvement et les poses de toute la personne. C'est tout cela qui flatte l'œil et l'oreille, et fait dire qu'une jeune actrice a du charme.

Trouve-t-on ces avantages dans mademoiselle Rachel? Ce n'est ni une belle femme, ni une jolie femme, ni une femme gracieuse. Son organe, tel qu'il est, suffit à sa manière; mais, si elle en est servie, elle n'en est pas favorisée, et il reste à décider si sa manière, *elle*, suffit à son emploi.

Pour moi, son action me paraît bonne relativement à son jeu, et il y a à complimenter mademoiselle Rachel d'avoir évité cet usage immodéré des bras, qui est le défaut ordinaire de la jeunesse, quand ceux-ci ne sont pas au contraire collés au corps par l'inquiétude, l'embarras et la peur. Ce sont là les deux extrêmes.

On entend par moyens, dans l'actrice qui débute dans cette carrière, une organisation forte, un caractère énergique, une conception vive et hardie, une sensibilité profonde, et encore une intelligence facile avec de la sûreté dans la mémoire ; ce sont les élémens essentiels de cette disposition générale à conquérir des succès par le développement progressif de précieuses et solides facultés.

Les avoir en germe à vingt ans, c'est être forcément agité par l'esprit créateur des grands effets. Les essais de celui-ci doivent être aventureux, les écarts fréquens, les exagérations inévitables. La sève est surabondante dans cet arbre ; les branches s'élancent, mais le travail les raccourcira et le goût les façonnera. Ainsi naissent, grandissent, s'échappent, reviennent, se fixent et se perfectionnent les talens appelés à la supériorité.

Cette route tracée dans les hauts lieux, a-t-elle été ouverte par une généreuse nature à mademoiselle Rachel? les juges de l'art répondent : « Non. »

Quelle est donc la sienne? la voici, disent ces messieurs. Envers mademoiselle Rachel, la nature a été bienfaisante certainement; mais on ne peut pas prétendre qu'elle a été libérale au point de la combler de ses dons : elle lui en a accordé, mais avec économie. Mademoiselle Rachel a du jugement; elle est sage à vingt ans; elle s'est connue, ce qui est quelque chose; elle s'est jugée, ce qui est beaucoup; et avec un tact remarquable elle a assis sa manière commodément sur ses moyens physiques et moraux. Assez prudente pour ne pas s'élever par ses prétentions au dessus de sa sphère naturelle, elle se trouve sans défaut essentiel, parce qu'elle ne risque pas le bien pour le mieux; elle satisfait la raison sans chercher à échauffer l'imagination de son public, et ne veut pas jeter dans le cœur des spectateurs un désordre qui n'est pas dans le sien.

Il est des personnes qui assurent qu'elles ont pleuré en écoutant mademoiselle Rachel; cela ne m'est pas arrivé. Mon cœur pourtant n'est pas aussi vieux que moi, et, parfois, je m'attendris encore pour de petites réalités qui sont bien loin de valoir les fictions ou peintures de nos grands poètes tragiques.

Comment concluerai-je donc?... Je reconnaîtrai que mademoiselle Rachel est née avec une organisation remarquablement appropriée à l'art qu'elle professe; que je suis dans l'étonnement quand je considère que, pour atteindre le point où elle est, elle n'a pas été préparée par une première éducation spéciale dès l'enfance; que, loin de là, ses premières années ont été jetées au vent, sans direction et sans but. Je dirai que je lui tiens compte surtout de ce qu'au moment où son instinct a prévalu, elle a trouvé la scène tragique dénuée des modèles sur lesquels, si jeune encore, elle eût pu se régler, par les inspirations desquels elle eût pu s'animer et s'élever ; que c'est quelque chose de frappant, pour une fille de cet âge, que cette nécessité qu'elle a subie *in deserto*, de faire sortir d'elle-même et d'elle seule le talent qu'elle possède.

Je ne pense pas que le moment soit venu de la soumettre à l'examen dans chacun des rôles qu'elle a joués ; je crois juste de lui laisser le temps d'y être dans la force que l'étude et l'expérience font ordinairement acquérir.

Je dis cela, et pourtant je crains, en conscience, que mademoiselle Rachel ne soit aujourd'hui ce qu'elle sera, si elle ne perd, pendant toute sa vie d'artiste. S'il en doit être ainsi, il n'y a plus qu'un mot à ajouter : acceptons-la comme une réalité *hors ligne* pour son époque ; louons-la, encourageons-la, et n'exigeons pas d'elle une énergie de passion que nous-mêmes nous ne comprendrions probablement plus.

Là, finit ma galerie dramatique.

—

Il me siérait mal de parler des talens qui, sur les scènes de l'Opéra, à Paris, ont brillé soit par le chant, soit par le jeu. Je les ai peu suivis, car je ne suis pas musicien, et je ne pouvais, n'ayant pour guide que mes sens, rencontrer là que les jouissances procurées au vulgaire : mes *préférées* ont été, au Grand-Opéra, madame Branchu ; à l'Opéra-Comique, mesdames Scio et Dugazon ; à l'Opéra-Italien, madame Pasta. Il est clair que c'est toujours au jeu que je m'attache.

Le chant large sur la méthode Petzaroni est celui qui me convient. C'est devant ce grand seigneur que je tiens toujours le chapeau bas. Il y a de cela dans Dupré ; mais il fallait entendre et voir Crescentini.

Voici mon anecdote sur ce maestro : l'un de mes amis avait une passion pour Bonaparte, et, de plus, pour un certain jour, des billets pour le spectacle de la cour. Mon ami était prêt à rompre avec moi, parce que je n'avais pas encore vu d'assez près son grand homme. Je le suivis donc. Bonaparte arrive, la toile est levée, et du fond de la coulisse partent les sons d'une voix, dirai-je humaine? c'était celle de Crescentini. Mes sens étant enchaînés de ce côté, je n'en eus plus pour l'empereur. La très no-ble action de l'acteur s'empara de mes yeux; son chant large, vibrant, magnifique, de mes oreilles. Hors de la salle mon ami me dit : «Eh bien! comment trouves-tu Bona-parte?—Ah! mon Dieu! lui répondis-je, je n'ai vu que Roméo...» Pauvre ami! un coup de poignard lui eût fait moins de mal.

FIN.

NOMS DES ACTEURS

QUI FIGURENT DANS CET OUVRAGE.

9 782329 252223